詩詞裏的科學

小學繁體版

江蘇省科學傳播中心 編

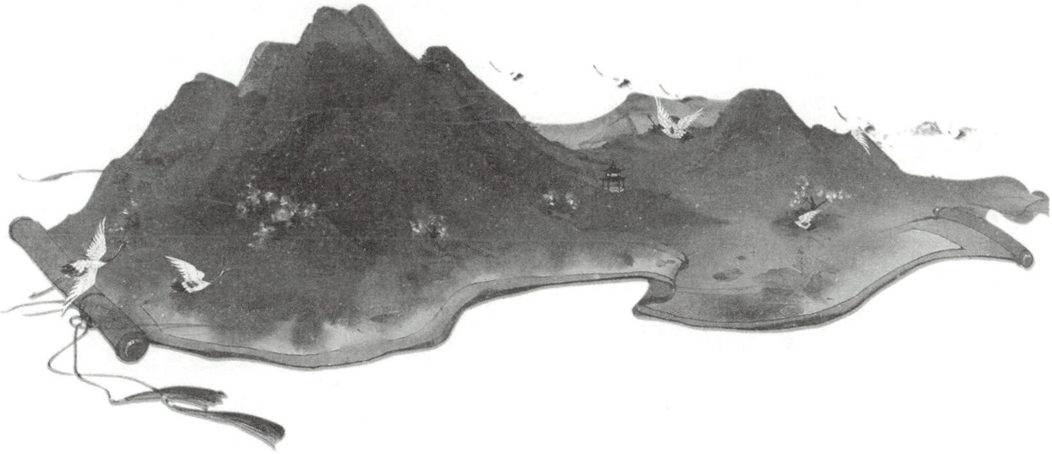

南京出版传媒集团
南京出版社

圖書在版編目（CIP）數據

詩詞裏的科學：小學繁體版 / 江蘇省科學傳播中心編. -- 南京：南京出版社，2022.12

ISBN 978-7-5533-3984-9

Ⅰ. ①詩… Ⅱ. ①江… Ⅲ. ①古典詩歌 – 中國 – 小學 – 教學參考資料②科學知識 – 小學 – 教學參考資料 Ⅳ. ①G624.203②G624.63

中國版本圖書館CIP數據核字（2022）第227348號

書　　名：詩詞裏的科學・小學繁體版
編　　者：江蘇省科學傳播中心
出版發行：南京出版傳媒集團
　　　　　南 京 出 版 社

社址：南京市太平門街53號　　郵編：210016
網址：http://www.njcbs.cn　　電子信箱：njcbs1988@163.com
聯係電話：025-83283893、83283864（營銷）　025-83112257（編務）

出 版 人：項曉寧
出 品 人：盧海鳴
責任編輯：孫前超
版式設計：石　慧
封面設計：趙晋鋒
責任印製：楊福彬

排　　版：南京新華豐製版有限公司
印　　刷：南京京新印刷有限公司
開　　本：787 毫米 × 1092 毫米　1/16
印　　張：10
字　　數：125千
版　　次：2022年12月第 1 版
印　　次：2022年12月第 1 次印刷
書　　號：ISBN 978-7-5533-3984-9
定　　價：37.00 圓

用微信或京东APP扫码购书

用淘宝APP扫码购书

前　言

中華文化源遠流長、燦爛輝煌，具有獨一無二的理念、智慧、氣度、神韵，中國古典詩詞是中華文化寶庫中的明珠，千百年來放射着耀眼奪目的光芒，是中國人民思想觀念、風俗習慣、生活方式、情感樣式的集中表達，其獨特豐富的文學藝術、科學技術、人文學術，至今仍然具有深刻影響。她是中華民族生生不息、發展壯大的豐厚滋養。

“遂古之初，誰傳道之？上下未形，何由考之……”這首《天問》，反映出先秦時代詩人屈原對天地自然和歷史的思考。“爐火照天地，紅星亂紫烟。赧郎明月夜，歌曲動寒川。”這是李白的組詩《秋浦歌》中的生動描寫，它表現的是中國古代的煉鐵場景。中國古典詩詞中有大量這樣的内容，反映了人類對科學的探索和追求。正因如此，中國發射的第一個火星探測器被命名爲“天問一號”，第一個宇宙空間站被命名爲“天宫號”，第一顆量子衛星被命名爲“墨子號”……體現出現代科學對優秀傳統文化的傳承與尊崇。

文化是國家和民族的靈魂。文化自信是一個國家、一個民族發展中最基本、最深沉、最持久的力量。向上向善的文化是一個國家、一個民族休戚與共、血脉相連的重要紐帶。我們要把中華優秀傳統文化全方位融入思想道德教育、文化知識教育、藝術體育教育、社會實踐教育各環節，貫穿于啓蒙教育、基礎教育、職業教育、高等教育、繼續教育各領域。

青少年“詩詞裏的科學”挑戰賽活動，是從浩瀚的古詩詞中發掘科學内涵，引導青少年將優美的古詩詞與其背後藴含的豐富科學知識相結合，賞詩詞之美，品科學之道，將科學與文學相融合，演繹科普版的“詩詞大會”，在傳承弘揚中華優秀傳統文化的同時，培育新時代中國青少年的人文情懷與科學素養。

《天問》中提出“圜則九重，孰營度之？惟兹何功，孰初作之”，這段話的意思爲“天的體制傳爲九重，有誰曾去環繞量度？這是多麽大的工程，是誰開始把它建築？”中國古代先賢們的疑問，讓我們不斷用科學的探索去解答吧。

目　録

1　運動還是静止? ……1

2　無處不在的重力 ……3

3　鳥類中的巢寄生 ……5

4　丹頂鶴的頭頂爲什麽是紅色的? ……7

5　“牛郎織女”難相會 ……9

6　自然界的“僞裝者” …… 12

7　爲什麽被蚊子叮咬後會有包? …… 14

8　蟬的一生：垂緌飲清露 …… 17

9　諸葛亮借的東風? …… 21

10　價格不菲的蠶絲 …… 23

11　大豆、毛豆、黄豆是一種豆? …… 26

12　梅花的趣事 …… 28

13　颱風來了，你準備好了嗎? …… 30

14　小孔成像的奥秘 …… 32

15 水中神奇的力量 …… 35
16 閃爍的繁星 …… 37
17 難識廬山真面目? …… 39
18 嗅覺的奧秘 …… 42
19 落紅不是無情物——自然界的物質循環 …… 45
20 不敢高聲語，恐驚天上人? …… 48
21 秋花爲何多爲黄色、紫色? …… 50
22 蜀道難：車與路的協同進化 …… 53
23 高處不勝寒 …… 56
24 曹操眼中的星辰大海 …… 58
25 “作息規律”的海洋潮汐現象 …… 61
26 飛蛾爲什麽撲火? …… 63
27 旅途不忘“拗造型”？ …… 65
28 誰給雪花上了色? …… 67
29 揭秘指南針 …… 69

30 憂愁沮喪，小心“白髮三千丈” …………………………… 71
31 酒，真能解憂嗎? …………………………………… 73
32 拿公鷄當鬧鐘不行嗎? ………………………………… 75
33 大地“發飆”不得了 ………………………………… 77
34 傳奇的藥物，背後的大樹 ……………………………… 80
35 人相對宇宙，一粟太倉? ……………………………… 82
36 螞蟻的力量 ………………………………………… 85
37 大雪紛紛，衹在北方? ………………………………… 88
38 蛇會“走路”的奥秘 ………………………………… 90
39 蜘蛛：動物中的紡織專家 ……………………………… 92
40 秋高氣爽的奥秘 …………………………………… 94
41 能量憑空產生? ……………………………………… 96
42 拼死吃河豚? ………………………………………… 99
43 每天吃 1 升鼻涕? ………………………………… 101
44 陛下，您的快遞請簽收 ……………………………… 104

45 乾旱有多可怕? …………………………………… 106

46 霧從哪裏來? …………………………………… 109

47 “六出飛花”究竟是什麽花? …………………… 112

48 爲何要“忙趁東風放紙鳶”? ………………… 114

49 你瞭解蝙蝠嗎? ………………………………… 117

50 空中彩霞從何來? ……………………………… 120

附録一 首届“詩詞裏的科學”青少年詩詞創作賽優秀作品選摘… 123

附録二 “科學小達人”挑戰區 …………………… 128

1

運動還是静止?

導讀

從前，有一個楚國人坐船渡江。船到江心，楚人一不小心，把隨身携帶的一把寶劍落入江中。他趕緊伸手去抓，可惜爲時已晚。

船上的人對此感到非常惋惜，但那楚人似乎胸有成竹，馬上掏出一把小刀，在船舷上刻了個記號，并且對大家説："這是寶劍落水的地方，所以我要刻上一個記號。"

船靠岸後，那楚人立即在船上刻有記號的地方下水，想要撈取掉落的寶劍。他撈了半天，始終不見寶劍的影子。他覺得很奇怪，自言自語："我的寶劍不就是從這裏掉下去的嗎？我還在這裏刻上了記號，現在怎麽會找不到呢？"

這就是有名的"刻舟求劍"的故事。

日常生活中，我們總能見到一些運動的事物，比如馬路上疾馳的車輛、來往的行人；也能見到一些静止的事物，小到桌上的檯燈，大到巍峨的山脉。那麽，我們怎麽判斷一個物體是運動還是静止的呢？物體是運動的還是静止的，取决於它相對於另外一個物體而言空間位置有没有變化。如果這個位置發生改變，那麽就認爲這個物體是運動的；反之，就是静止的。

也就是說，對於同一個物體，如果選擇不同的參照物，判斷運動與否的結論就可能不同。比如在“刻舟求劍”的故事中，寶劍落水前是與船一起運動的，兩者處在一種相對静止的狀態；寶劍落水後，不再與船一起運動，兩者則處在相對運動的狀態。

所以，我們要根據實際情況和目標，選擇合理的參照物，幫助我們判斷物體是運動的還是静止的。

關於運動和静止，宋代詩人陳與義在《襄邑道中》也有着自己的觀察和見解。

襄邑道中

【宋】陳與義

飛花兩岸照船紅，百裏榆堤半日風。
臥看滿天雲不動，不知雲與我俱東。

“臥看滿天雲不動”，作者以自己乘坐的小船爲參照物，雲彩和小船以同樣的速度向東運動，兩者相對静止，所以船上的作者説“滿天雲不動”；“不知雲與我俱東”，作者又以兩岸景物爲參照物，岸上景物與船、雲之間的相對位置在不斷地改變，船和雲相對於景物來説，是運動的，因此作者説“雲與我俱東”。

考一考

有一首禪詩這樣寫道：“空手把鋤頭，步行騎水牛。人從橋上過，橋流水不流。”請結合運動與静止的知識來分析一下“橋流水不流”這句話。

2

無處不在的重力

導讀

艾薩克·牛頓是17世紀英國著名的物理學家、數學家，被譽爲百科全書式的“全才”。他從小聰穎好學，喜歡讀書，善於觀察并思考身邊發生的自然現象。

據説有一次，牛頓坐在一棵蘋果樹下休息，碰巧看到一個熟透的蘋果從樹上掉下來，落在了地上。這本是日常生活中極爲平常的一幕，却讓他陷入沉思：爲什麽蘋果總是垂直下落，而不會上升到天空中呢？

他把蘋果帶回了家，揣摩了很久，終於想出了答案：蘋果之所以會掉下來，是因爲存在一種看不見的力量吸引着它下落。不僅如此，世界上所有物體都會受到這種力量的作用。後來，牛頓經過更加深入的研究和論證，發現了著名的萬有引力定律。

萬有引力定律，是指自然界中任何兩個物體，大到宇宙中的天體，小到空氣中的塵埃，它們之間均會存在相互吸引的力，這個力就是萬有引力。地面物體所受的重力，就是物體與地球之間萬有引力的體現。

重力是指物體由於受到地球的吸引而產生的力，是一種非接觸力。地球對近地面的任何物體，不管質量大還是小，也不論有無生命，在任何時刻都是有吸引力的，且方嚮總是竪直向下。

唐代大詩人李白有一首家喻户曉的七言絶句《望廬山瀑布》，其中就體現了重力的存在。

望廬山瀑布

【唐】李白

日照香爐生紫烟，遥看瀑布挂前川。
飛流直下三千尺，疑是銀河落九天。

“飛流直下三千尺，疑是銀河落九天。”廬山瀑布和落在地上的蘋果一樣，都受到了地球重力的作用，因此形成了“直下三千尺”的壯闊景象。

考一考

假想一下，如果地球没有了重力，人們的生活會有怎樣的變化呢？請舉出一些例子。

3

鳥類中的巢寄生

導讀

孩子，是父母一生的牽掛。作爲父母，陪伴在孩子的身邊，悉心照顧，看着孩子茁壯地成長，辛苦卻也感到幸福。然而在自然界中，卻有一些鳥類，它們從來不願親自撫養孩子，而是煞費心機地等待其他鳥不在時，偷偷摸摸地將卵產在其他鳥的巢中寄養，自己當“甩手掌櫃”，繼續逍遥自在。這種特殊的鳥類繁殖行爲已經演化成爲某些物種的固定繁殖模式，這就是巢寄生。

巢寄生是某些鳥類將卵産在其他鳥的巢中，由其他鳥（義親）代爲孵化和育雛的一種特殊的繁殖行爲。古籍《博物志》記載：“杜鵑生子，寄之他巢，群鳥爲飼之。”大杜鵑，也就是常説的布穀鳥，屬於典型的巢寄生鳥，是善於“魚目混珠”的鳥中“騙子”。

大杜鵑深諳借巢産卵之道，有着很高的寄生技巧。在繁殖期它會精心尋找與自己卵的孵化期和育雛期相似、雛鳥食性基本相同的鳥類當宿主。畫眉、葦鶯就經常是“受騙者”。在宿主開始孵卵之前，趁其離巢外出時，大杜鵑偷偷潛入宿主的巢中，快速産卵寄生，讓這些鳥替自己孵化。

欺騙别人替自己養孩子就罷了，大杜鵑還經常化身爲殺害宿主孩子的“邪惡殺手”。大杜鵑在一個宿主巢窩裏産卵前，通常會把宿主的一枚卵偷走，方便自己“魚目混珠”。孵化的大杜鵑的雛鳥也繼承了“邪惡”的本性。它比宿主雛鳥出殼更早，出殼後，它會本能地將其他鳥蛋全部推出鳥巢，從而獨自享有養父母提供的食物和照顧。

當然了，大杜鵑“借巢生子”的把戲也不是每次都能成功。宿主鳥在長期與大杜鵑的鬥智鬥勇中，也練就了一雙善於識別的火眼金睛。它們通過比較同一巢内卵的表型、顔色、花紋、亮度等因素，來發現其中暗藏的寄生卵。

古人同樣也發現了大杜鵑的這一習性，并用詩文記載了下來，杜甫的這首《杜鵑行》中就有相關的描寫。

杜鵑行（節選）

【唐】杜甫

君不見昔日蜀天子，化作杜鵑似老烏。
寄巢生子不自啄，群鳥至今與哺雛。

大杜鵑雖然繁殖後代的方式有些惡劣，但是客觀來説，它們還是一種益鳥。因爲大杜鵑主要以各類害蟲爲食，在保護植被、維持生態環境方面，有着不可磨滅的功勞。

考一考

“杜鵑飛飛無定栖，寄巢生子百鳥依”體現了杜鵑鳥的什麽行爲？大自然裏還有哪些鳥類具有這種行爲？

4

丹頂鶴的頭頂爲什麼是紅色的？

導讀

中國是一個盛産神話的國度，瑶池天宫、蓬萊仙山、大羅金仙、麒麟神獸……人們對世外仙境充滿着無限的幻想。大詩人李白就曾寫下一首浪漫的游仙詩："青冥浩蕩不見底，日月照耀金銀臺。霓爲衣兮風爲馬，雲之君兮紛紛而來下。虎鼓瑟兮鸞回車，仙之人兮列如麻。"其實，想見這些仙界神物也不難，我們身邊就有一種神話中的"仙鳥"、道教仙人的座駕——丹頂鶴。

丹頂鶴，又稱仙鶴，它與其他鳥類最不同的地方，也是它最出名的地方，就是頭上的那一抹丹頂，這也是它名字的由來。丹頂鶴的丹頂到底是什麼呢？有人説，丹頂是紅色的羽毛，還有人説那是朱紅色的丹砂，更有甚者説丹頂是武俠故事中殺人滅口的天下奇毒——鶴頂紅。這些説法顯然都是人們的臆想，没有科學根據。真相是什麼？真相就是丹頂鶴的頭頂没有羽毛，頭上那塊鮮艷的紅色標記，其實是豐富的血管在裸露的皮膚下呈現出的鮮紅色，無毒無害。

丹頂鶴的雛鳥剛出生時，全身覆蓋着一層淺黄色絨毛，像小鷄一樣，10個月左右頭頂就會出現紅色，3歲成年性成熟以後，丹頂會變得更鮮紅，到了老年又會變淡。

丹頂鶴形態優美，性情高雅，無論站立或飛翔，都有着"仙氣飄飄”的美感，因此深受人們的喜愛。

在中國歷史上，丹頂鶴被看作是一等的文禽，在鳥類中的地位僅次於鳳凰。明清等朝代給它賦予了忠貞清正、品德高尚的文化內涵。官吏服飾以丹頂鶴補子（又稱胸背，爲官員朝服胸前和背後的方形裝飾）爲文官的最高象徵。在文學作品中，常能看到“龜年鶴壽”“松鶴延年”等形容，丹頂鶴同樣被視爲長壽的象徵。

詩人們也非常喜愛丹頂鶴那典雅修長的體態和如水墨畫般和諧的美麗，紛紛在詩句中寫下贊美之詞。

步虛詞（其二）

【唐】劉禹錫

華表千年一鶴歸，凝丹爲頂雪爲衣。

星星仙語人聽盡，却向五雲翻翅飛。

考一考

白居易曾在詩中這樣描寫美麗的丹頂鶴：“低頭乍恐丹砂落，曬翅常疑白雪消。”丹頂鶴的“丹頂”究竟是什麼？

5

“牛郎織女”難相會

導讀

從前有一個孤兒叫牛郎，他依靠哥嫂生活。哥嫂待他很不好，經常虐待他。於是，牛郎長大後和他們分了家，帶着一頭老牛自耕自足。有一天，牛郎牽着老牛走在回家的路上，不經意間撿到了一件漂亮的衣服。自言自語道：“這是誰的衣服，被風颳到這兒。”牛郎一路尋找失主，來到了河邊，看到一位美若天仙的女子在那裏戲水，她便是織女。織女也很快看到了牛郎，兩人一見鍾情，互生愛意，之後便結爲了夫妻，過上了幸福的男耕女織的生活。

但好景不長，織女是天仙，她和凡人牛郎成婚這件事觸犯了天條，被王母娘娘得知。於是，王母娘娘派天兵把牛郎、織女二人强行拆散，要把織女帶回天界。牛郎不肯放棄被抓走的妻子，拼命追趕。就在即將追上之時，王母娘娘用簪子劃出了一條銀河擋住了牛郎。從此，牛郎、織女衹能相隔銀河兩岸，遙望對泣。王母娘娘見他們感情真摯，便破例允許他倆在每年農曆七月初七見一次面。在這一天，喜鵲們會成群結隊地在銀河上搭橋，幫助牛郎、織女二人相會。

在這個凄美的民間傳説中，牛郎和織女這對恩愛的夫妻被銀河分開，相隔兩岸，難以相聚。可在現實中，天上銀河的兩岸真的有牛郎、織女嗎？還真有，那就是牛郎星和織女星。

牛郎星和織女星都是宇宙中的天體。牛郎星又稱天鷹座α或牽牛星，是夜空中較明亮的星星之一。牛郎星距離地球約16.7光年，其質量大約是太陽的1.79倍，亮度是太陽的10倍以上。織女星，又稱天琴座α，也是夏夜星空中著名的亮星之一，被譽爲“夏夜的女王”。織女星與地球相距約25光年，它的質量約是太陽的2.135倍。

牛郎織女的故事，其實源於古人仰望星空時對牛郎星和織女星的觀察和想象，許多古代文學作品都把牛郎星和織女星當作故事的主角。

鵲橋仙·七夕

【宋】朱淑真

巧雲妝晚，西風罷暑，小雨翻空月墜。牽牛織女幾經秋，尚多少、離腸恨淚。

微凉入袂，幽歡生座，天上人間滿意。何如暮暮與朝朝，更改却、年年歲歲。

“牽牛織女幾經秋，尚多少、離腸恨淚。”詞人夜晚遥望星空中的牛郎星和織女星，它倆相隔銀河兩岸。什麼時候它們纔能見面呢？牛郎星和織女星能像故事裏説的一樣，通過喜鵲搭橋每年相會一次嗎？答案是不能。

首先，它們之間的距離非常遥遠，大約16.4光年。1光年的距離約是9.46×10^{12}千米，那麼16.4光年約爲1.55×10^{14}千米。假設每隻喜鵲從頭到尾長50厘米，要連接相隔16.4光年的牛郎星和織女星，大約就需要3.1×10^{17}隻喜鵲來搭橋。

其次，科學家發現牛郎星以大約26千米/秒的速度在靠近地球，織女星也在以大約14千米/秒的速度向我們靠近。雖然這意味着它倆之間的距離正在逐漸縮小，但相對於牛郎星和織女星之間的遥遠距離，它們互相接近的速度非常慢。即便經過相當漫長的時間之後，牛郎星和織女星也不太可能發生碰撞。因爲宇宙空間太過於浩瀚，恒星的尺寸相對很小，所以，牛郎星和織女星最終會分道揚鑣，被宇宙“拆散”，它們將會沿着各自的軌道環繞銀河系繼續旋轉。

考一考

“九曲黄河萬里沙，浪淘風簸自天涯。如今直上銀河去，同到牽牛織女家。”牛郎織女的故事是一段美麗的神話傳説，你知道牛郎星和織女星分别屬於什麽星座嗎?

6

自然界的“僞裝者”

導讀

在非洲大陸及馬達加斯加島，廣泛生活着一種叫變色龍的小動物。變色龍，也叫避役，屬避役科爬行類。它們的身體兩側扁平，呈長筒狀，頭爲三角形，尾常捲曲。眼凸出，兩眼可獨立地轉動。

變色龍平常喜歡靜悄悄地待在樹枝上，它們有一種神奇的本領，即身體能够變換多種顔色。在它們的表皮上貯存着黄、緑、藍、紫、黑等各種色素細胞，一旦周圍的光綫、温度和濕度發生變化，變色龍的表皮結構也就會隨之改變，最後和所處環境的色調融爲一體。變色龍的“隱身”能力，足以欺騙觀察者的眼睛。

變色龍隨環境進行變色僞裝，在生物學上可看作是一種生物適應環境的行爲。

生物適應環境指的是動物、植物、微生物通過自身適應環境變化以争取生存的特性，是自然界當中特有的并且普遍存在的現象，也是生物進化自然選擇的結果。生物適應環境主要有擬態、警戒色和保護色三種表現形式。

擬態指的是生物在進化過程中形成的外表或色澤斑紋等同其他生物或非生物相似的形態。

警戒色指的是生物具有鮮艷、容易識别的色彩或斑紋，能够對敵害起到警示作用，從而保護自身。

保護色指的是生物爲適應栖息環境而具有的與環境色彩相似的體色，能起到躲避敵害或捕捉獵物的作用。

宋代文學家楊萬里的一首七言絶句，就描寫了黄蝴蝶適應環境的自然特性。

宿新市徐公店

【宋】楊萬里

籬落疏疏一徑深，樹頭新緑未成陰。
兒童急走追黄蝶，飛入菜花無處尋。

“兒童急走追黄蝶，飛入菜花無處尋。”黄蝴蝶自身爲黄色，和油菜花的顔色相似，它成功地利用了保護色的特性，飛入油菜花叢中躲避，使追趕它的兒童難以尋覓。

考一考

枯葉蝶僞裝利用的是生物對環境的哪一種適應性？關於這種適應性，你還能列舉出其他生物嗎？

7

爲什麼被蚊子叮咬後會有包?

導讀

蚊子是一種具有刺吸式口器的纖小飛蟲，每個人可能都有過被它騷擾的經歷。夏天的夜晚，這些討厭的“吸血鬼”“嗡嗡嗡”地縈繞在你身邊，稍一不注意就會偷偷摸摸地在你身上叮咬一口，然後被叮咬處便形成一個紅色的腫包，讓你瘙癢難耐。爲什麼蚊子叮咬後會在人的皮膚上留一個腫包呢？是它向人體注入毒素導致的嗎?

剛被蚊子叮咬的時候，我們通常没有什麽感覺，常常過了好一會，被叮咬的地方纔會慢慢腫起來，并伴隨着讓人忍不住抓撓的瘙癢感。這個腫包的出現，其實并不是蚊子特意引起的，而是蚊子吸血留下的“後遺症”，是蚊子注射到人體内的抗凝血物質與人體免疫反應共同作用的結果。

我們都知道，人體具有凝血功能，在受到物理損傷後，會通過凝血過程實現止血。當蚊子的口器戳破人的毛細血管壁進行吸血時，人體會自然而然地啓動凝血機制，讓血液在局部區域凝固，來修補血管壁的缺口，但這樣就不利於蚊子吸血。因此，在長期侵襲人類的過程中，蚊子進化出了有針對性的“秘密武器”——抗凝血物質，在吸血之前將其注入血管組織中，隨後就可以没有阻礙地“開懷暢飲”了。

然而，蚊子注入的抗凝血物質對於人體來説是异物，免疫系統會對其進行攻擊，試圖清除這些外來物質，也就是發生免疫反應。在這個過程中，免疫系統會釋放一種叫作組織胺的物質。一方面，它會使毛細血管擴張，增加血管壁的通透性，讓細胞之間充滿液體，形成紅色的腫包；另一方面，它還會刺激感知神經細胞，産生刺癢的感覺。所以歸根結底，蚊子叮咬後的腫包和瘙癢感的産生是人體免疫反應造成的。

唐代詩人白居易用詩句詳細記録了被蚊子叮咬的過程。

蚊　蟆

【唐】白居易

巴徼炎毒早，二月蚊蟆生。
咂膚拂不去，繞耳薨薨聲。
斯物頗微細，中人初甚輕。
如有膚受譖，久則瘡痏成。
痏成無奈何，所要防其萌。
幺蟲何足道，潜喻儆人情。

大部分的腫包在幾天内就會逐漸消退，如果實在瘙癢難耐，可以采用冷敷的方法，减輕局部腫脹和疼痛。若是出現大面積腫脹等情况，則需要儘快就醫。切記一定不要亂撓，因爲撓癢的時候，手指對皮膚的擠壓會加速血液的流動，使組織胺等物質向更大的區域擴散，腫包自然也就越撓越大、越撓越癢，一不小心還會被撓破，形成創傷，甚至引起局部感染或過敏性皮炎。

考一考

“斯物頗微細，中人初甚輕。如有膚受譖，久則瘡痏成。”對於皮膚上被蚊子叮咬而形成的腫包，我們應該怎麼處理？

8

蟬的一生：垂緌飲清露

導讀

蟬是一種我們非常熟悉的昆蟲。蟬鳴聲是夏天的標配，無論在鄉村還是城市，人們都能在夏天聽到蟬清亮的鳴叫聲。許多小朋友還有過夜晚捉蟬的經歷，晚上打着手電筒，在樹木根部搜尋，很快就能發現蟬的身影。

蟬在生活中如此常見，可你真的瞭解它嗎？

蟬小的時候，是一粒很有耐心的卵。

每年夏天，蟬媽媽都會在樹幹或者枝條上產卵。於是，樹幹或者枝條上就多了一個個小黑點，這就是蟬的卵。秋天來了，樹葉凋零，這些小黑點依然留在樹上。冬天來了，寒風刺骨，這些小黑點依然留在樹上，一動不動，盼望着春風。

終於，春天來了，春風和煦，鮮花盛開。在春日的暖陽下，蟬的卵開始慢慢地孵化。在小黑點裏，細胞開始分裂，組織開始分化。到了春夏之交，一個個小小的蟬寶寶破殼而出。

破殼而出的蟬寶寶迫不及待地要鑽到土裏面去，絲毫不留戀鮮花、綠葉與陽光……它們沿着樹幹向下爬，或者隨着折斷的樹幹直接落到地上。然後，它們使出全身力氣，在地面上打孔，往地下鑽，把自己藏在土壤裏。

黑黢黢的土壤裏，暗無天日。蟬的若蟲要在地下生活好多年，一點點地長大。爲了長大，它們每天都要大快朵頤。蟬的若蟲有一對强壯的開掘前足，可以像盾構機一樣在土壤裏不斷前行，直到找到植物的根部。然後，它們會用刺吸式口器刺入植物的根部，吸取植物的汁液。它們這種做法，會影響植物的營養吸收，一些樹木因此生病或者枯死。

蟬的種類不同，其若蟲在土壤裏生活的年份也不相同，從幾年到十幾年，如3年、5年、13年、17年。這些數有一個共同點，都是質數（質數是一類大於1的特殊整數，衹能被1和它自身整除）。

有趣的是，3年蟬和5年蟬，我們幾乎年年都可以見到。比如，2020年夏天，我們見到的3年蟬是2017年出生的；2021年見到的5年蟬是2016年出生的。所以，每年夏天，我們的耳邊都少不了“知了”聲聲。

然而，要想聽到13年蟬和17年蟬的歌聲，却不是一件容易的事情。因爲這兩大類一共有7種蟬，都生活在北美。而且，13年蟬真的是每隔13年纔鑽出地面，17年蟬也真的是每隔17年纔鑽出地面。在間隔的12年和16年中，我們在大樹上見不到它們的身影。這7種蟬因爲會遵循某個周期集中出現，而被稱爲“周期蟬”。

爲什麼蟬的若蟲一門心思待在土壤裏等質數年呢?

蟬“懂”質數，是被生存壓力逼迫出來的。鳥類的生育頻率有的是1年生育一次，有的是2年生育一次。我們假設蟬的生命周期是12年，那麼，它們與生命周期爲1年、2年、3年、4年、6年的天敵都可能遭遇。假設蟬的生命周期是17年，那麼它衹能與生命周期爲1年和17年的天敵遇到。事實上，17年蟬已經是地球上最有耐心的昆蟲了。它們除了無法迴避生命周期爲1年的天敵外，對生命周期爲2年到16年的天敵都可以有效地迴避。除非它們的天敵像人類一樣，壽命很長，能存活好幾個17年。

這些土壤裏的蟬寶寶雖然看不見斗轉星移，却仍可用自己的方式年復一年地數着日子。等年份到了，在夏日的黄昏或者夜晚，它們就會破土而出。鑽出來的蟬挪動着小短腿，使勁地往樹上爬，然後停留在樹幹上，抓緊樹皮，在蜕皮激素的作用下開始蜕皮羽化。若蟲蛹的背上出現一條黑色的裂縫時，蜕皮的過程就開始了：頭先出來，緊接着是緑色的身體和褶皺的翅膀，片刻後，待翅膀變硬、顔色變深，成蟲便開始起飛。整個過程需要一個小時左右。

蜕皮羽化的蟬住在大樹上，雄蟬每天放聲歌唱，因此被稱爲“昆蟲音樂家”“大自然的歌手”。不過雄蟬不是用嘴唱歌的，它的發聲器在腹基部，結構就像蒙上了一層鼓膜的鼓，鼓膜受到振動就會發出聲音，因此蟬的聲音可傳一千米之遥。天氣越熱，蟬叫得越響亮，因爲温度高時，蟬的生命活動活躍，鼓膜震動得就更厲害。

被譽爲“初唐四大家”之一的詩人虞世南非常喜歡蟬，他通過細膩的觀察，寫下了一首咏蟬詩。

蟬

【唐】虞世南

垂緌飲清露，流響出疏桐。

居高聲自遠，非是藉秋風。

蟬垂下像帽纓一樣的觸角吸吮着清澈甘甜的露水（古人以爲蟬是喝露水生活的），響亮的聲音從挺拔疏朗的梧桐樹枝間傳出。蟬正是因爲在高處發聲，它的聲音纔能傳得遠，并非憑藉秋風的力量。

詩人生動地描寫了蟬的形體、習性和聲音，贊揚了蟬的生性高潔、栖高飲露，同時也咏物言志，抒發了自己高潔清遠的品行志趣，物我互釋。

考一考

蟬的一生要經過幾個不同的時期？屬於什麼發育類型？還有哪些昆蟲和蟬的發育類型是一樣的？

9

諸葛亮借的東風？

導讀

《三國演義》記載：東漢末年，曹軍和孫劉聯軍在赤壁兩岸對峙。孫劉聯軍的統帥周瑜打算發動火攻，燒毀曹軍的戰船。可是火攻對風嚮的要求很高。時值隆冬，長江中游一帶多颳西北風，没有東南風。而曹軍處於西北上風頭，根本燒不到。

這讓周瑜非常發愁，甚至因此病倒了。諸葛亮當時在周瑜軍中，他很快就知道了周瑜的病因，説道："欲破曹公，須用火攻。萬事俱備，衹欠東風。"

周瑜一聽，忙問諸葛亮能否"借"來東風，諸葛亮當即應允。其實，諸葛亮通曉氣象，能够預測天氣。果然在作戰那天，東南風大起，周瑜乘機發動火攻，一舉擊潰曹軍取得大勝。

風，看不見、摸不着，是地球上的一種空氣流動現象。風一般是由太陽熱輻射引起的。太陽光照射在地球表面上，使地表温度升高。由於熱脹冷縮的原理，地表的空氣受熱膨脹變輕而往上升。熱空氣上升後，地表的空間空出，低温的冷空氣横嚮流入，上升的空氣因逐漸冷却變重而降落，由於地表温度較高，空氣又會被加熱而上升。這種空氣的循環往復流動就形成了風。

從氣壓的角度解讀，那就是氣壓差异形成了風。低温區氣壓高，高温區氣壓低，空氣總是由氣壓高的地方流動到氣壓低的地方，從而產生了風。唐代詩人杜牧在《赤壁》中寫到的“東風”就是這樣形成的。

赤　壁

【唐】杜牧

折戟沉沙鐵未銷，自將磨洗認前朝。
東風不與周郎便，銅雀春深鎖二喬。

這首詩描寫了歷史上的赤壁之戰，孫劉聯軍依靠東南風火攻取勝，而那場東南風很有可能是根據氣象知識預測出來的。

據考證，當年赤壁之戰發生在湖北洪湖境内的烏林，烏林的西北邊便是著名的雲夢澤。很可能是雲夢澤和陸地之間的熱力差异導致了東南風的形成。白天，陸地氣温高，水面氣温低，風便從湖面吹向陸地；晚上，陸地氣温低，水面温度高，風便從陸地向湖面吹，形成東南風。從《三國志》中可以知道，火燒赤壁發生的時間正是在晚上。

所以說，這場幫了大忙的東風并不是諸葛亮“借”來的，他衹是通曉氣象，準確預測了天氣而已。

考一考

“千磨萬擊還堅勁，任爾東西南北風。”你知道風嚮一般用幾個方位來表示？方位名稱分别叫什麼？

10

價格不菲的蠶絲

導讀

愷撒大帝是古羅馬時期偉大的政治家、軍事家。有一天，愷撒前往羅馬劇院看戲，當他邁入劇場大門的一瞬間，引起了人們的驚呼，成了全場的焦點。

羅馬劇院的群衆之所以有如此大的反應，并不是因爲愷撒統治者的身份，而是他穿着一件絢麗奪目的長袍。這件長袍是用中國絲綢製成的，其衣料舒適，製作精美，款式時髦。這件絲綢長袍讓愷撒顯得無比的雍容華貴，也讓他成了中國絲綢的“形象代言人”。從那以後，中國的絲綢風靡歐洲，深受王公貴族的青睞。在當時的西方人看來，華麗精美的絲綢甚至是和黄金等價的。

古代中國的絲綢之所以能送達歐洲，得益於一條偉大的商路。這條商路橫貫亞洲，從當時長安延伸到地中海東海岸，輾轉到達羅馬各地。這條商路以絲綢貿易爲主，因此被歷史學家們稱爲“絲綢之路”。

現代絲綢，常指用蠶絲、人造絲純織或交織而成的一種紡織品。而在古代，由於紡織技術不發達，絲綢就是“真絲綢”，即用純天然的蠶絲織造。

不管在現代還是古代，絲綢生產都離不開一種原料——蠶絲。蠶絲，又稱天然絲，多呈黄白色，同羊毛一樣是人類最早利用的動物纖維之一。

衆所周知，蠶絲是由蠶吐絲而來的。那麼，如何解釋蠶吐絲這個生理現象呢?

蠶是一種鱗翅目昆蟲，它的一生可分爲卵、幼蟲、蛹、成蟲4個階段。蠶的攝食成長時期是幼蟲階段，主要以桑葉爲食。蠶之所以對桑葉情有獨鍾，是因爲桑葉中含有檸檬醛、青葉醛、青葉醇等誘食因素，同時含有氨基酸、纖維素等有益於蠶生長發育的營養物質。

當蠶生長到熟蠶階段，對氨基酸的需求也就變小了。但由於它在幼蟲階段食用了大量的桑葉，桑葉中含有氨基酸，所以此時蠶體内的氨基酸儲備處於過剩狀態。如果不把這些過量的氨基酸排出體外，蠶將會中毒得病。

蠶如何解决這個問題呢?恰好在熟蠶這個時期，蠶的絲腺（絲腺是蠶體内分泌絲質物的管狀器官）快速發育，需要吸收大量的氨基酸合成絲蛋白。通過合成絲蛋白并吐出的方法，氨基酸過剩的問題順利得到了解决。換句話説，蠶吐絲其實是蠶的一種自我解毒的行爲。

蠶絲在古代是來之不易的紡織材料，晚唐詩人蔣貽恭在《咏蠶》這首詩中，體現了養蠶的辛勤勞苦。

咏　蠶

【唐】蔣貽恭

辛勤得繭不盈筐，燈下繅絲恨更長。

著處不知來處苦，但貪衣上綉鴛鴦。

古代勞動人民辛勤的養蠶，最後收集到的蠶繭却不滿一籮筐。接下來還要不分晝夜地抽絲織布，這其中的勞苦和無奈衹有養蠶人自己知道，充分體現了封建統治者對勞動人民的殘酷剥削。

由此可見，古代蠶絲之所以貴重，主要的原因有兩個：一是蠶絲的產量不高；二是耗用的時間和人力成本較多。

從現代醫學的角度看，蠶絲還有着許多獨特的功效。蠶絲的主要成分是蛋白質，富含多種人體所必需的氨基酸。這些物質能提升皮膚細胞活力，防止血管硬化。長期穿戴蠶絲織物還可減緩皮膚衰老，對某些皮膚病有着特殊的止癢效果，對關節炎、肩周炎、哮喘病也有一定的保健作用。所以，蠶絲素有“纖維皇后”“人體第二肌膚”的美譽。

考一考

“春蠶到死絲方盡，蠟炬成灰泪始乾。”從生物的發育過程來看，蠶屬於完全變態發育，你知道哪些昆蟲是不完全變態發育的？這兩種發育的過程有哪些區别？

11

大豆、毛豆、黄豆是一種豆？

導讀

大豆、毛豆、黄豆是一種豆嗎？是的，它們是一種豆。大豆原産於中國，是重要糧食作物之一。大豆成熟曬乾後，水分含量極少，顔色一般爲黄綠色或黄褐色，俗稱黄豆。毛豆是還未完全成熟的大豆，又叫菜用大豆。毛豆比較新鮮，顔色爲綠色，水分含量比較多，顆粒較爲飽滿，一般做成各式的菜肴供大家食用。

大豆是一年生草本植物，起源於中國，世界各地亦有播種。大豆營養價值高，富含蛋白質和多種氨基酸，是人們生活中不可缺少的糧食之一。

大豆是一種自花傳粉的植物，不靠昆蟲授粉，而是在開花之前由自己的雄蕊給雌蕊完成了授粉工作。它在開花之前不輕易把自己的花蕊展示給别人看，等人們看到大豆開花了，它的雌蕊已經完成了授粉工作，準備結果實了。

這時候，如果扒開大豆的花，找到它的雌蕊，就會看到在雌蕊的下半部分已經開始微微膨脹了，這個膨大的部分就是未來的豆莢。在豆莢的裏面有一粒粒圓潤的“小珠子”，就是未來的大豆。如果人們在豆莢長到足够大，籽粒鼓滿但還没有完全成熟時把它摘下來，這時的豆莢呈嫩綠色，青翠可愛，莢上密生黄色細長硬毛，所以叫“毛豆”，也就是我們常吃的那種表面一層小毛，長得很像小豆角的食物。如果人們允許大豆繼續生長，大豆種子完全成熟後，豆莢就會裂開，露出裏面藏的一粒粒的豆子。這時候，人們就會叫它大豆，或者根據顏色叫它黄豆等。

如果你熟悉古詩詞，可能還遇見過它的另一個名字：菽（shū）。

詩經·小雅·小宛（節選）

中原有菽，庶民采之。
螟蛉有子，蜾蠃負之。
教誨爾子，式穀似之。

詩中所説的采菽，其實就是采摘大豆。

考一考

“五穀豐登，庶事康寧。”“五穀”，通常是指稻、黍、稷、麥、菽這五種穀物。除了菽，你知道其餘四種分别是什麽穀物嗎？

12

梅花的趣事

導讀

梅花是中國十大名花之首，與松、竹并稱爲“歲寒三友”。“不經一番寒徹骨，怎得梅花撲鼻香。”在中國傳統文化中，梅以高潔、堅强的品格，清逸脱俗的風骨，給人以奮發向上的激勵。梅的美好寓意在我國流傳深遠。梅具“四德”，初生蕊爲元，是開始之本；開花爲亨，意味着通達順利；結子爲利，象徵祥和有益；成熟爲貞，代表堅定、貞潔。梅開五瓣，象徵着“五福”，即長壽、富貴、康寧、好德和善終。

梅花是薔薇科杏屬植物，與櫻花、蘋果花等是親戚，通常有5個花瓣，花朵直徑約3厘米，外形小巧秀氣且具有淡淡的清香。除了個頭較小，梅花的花柄也十分短小。從遠處看去，花朵緊貼花枝，造型十分獨特。

梅花在我國有着悠久的種植歷史。最開始的時候，野生的梅花是白色的。經過人們的精心培育，又有了深紅色、玫紅色等品種。梅花是先開花後長葉的。花落了，梅花的葉子就生長出來了。仔細觀察，還能看到其邊緣長有一排微小的“鋸齒”，脉腋間還有一層短柔毛。

梅的種類很多。有些是可以結果的果梅，果實在初夏成熟，從青色變成紅色就可以吃了。果梅製成的梅乾、話梅、酸梅湯等，相信有不少同學都嘗過吧。還有些是觀賞梅，衹能開花供人觀賞，不能結果。

中國古代文人對梅花情有獨鍾，視賞梅爲一件雅事。宋代詩人林逋愛梅如痴，他隱居杭州西湖孤山，植梅養鶴，終身不娶，稱“梅妻鶴子”。下面這首《山園小梅》就出自林逋之手，生動地寫出了梅花特有的姿態美和高潔的品質。

山園小梅

【宋】林逋

衆芳搖落獨暄妍，占盡風情向小園。
疏影橫斜水清淺，暗香浮動月黄昏。
霜禽欲下先偷眼，粉蝶如知合斷魂。
幸有微吟可相狎，不須檀板共金樽。

考一考

除了“梅妻鶴子”外，你還知道哪些關於梅花的典故？

13

颱風來了，你準備好了嗎？

導讀

民間有句俗語：“跑馬雲，颱風臨。”看到跑馬雲，颱風就會降臨。跑馬雲也叫“碎積雲”，雲層低，移動速度快，勢如跑馬，雲朵呈塊狀結構，不成片。如果看到這樣的雲層，預示着本地將出現颱風的侵擾。颱風所到之處，一片狼藉，大家可要做好充分的防範。

颱風是發生在西北太平洋和南海海域的猛烈風暴，是在大氣中繞着自己的中心急速旋轉，同時又向前移動的空氣渦旋。它在北半球做逆時針方嚮轉動，在南半球爲順時針方嚮旋轉。氣象學上將大氣中的渦旋稱爲氣旋，因爲颱風這種大氣中的渦旋産生在熱帶洋面，所以稱爲熱帶氣旋。在我國，把這種破壞性的天氣現象稱爲颱風。

颱風波及的地方一般都會狂風大作，可是颱風的中心地帶却風平浪静。原來，颱風來襲時，颱風中心周圍的空氣流動的方嚮和颱風方嚮是相反的。在這個過程中，颱風産生的風力會被中心空氣産生的離心力抵消掉，所以颱風的中心地帶就成了一片難得的“避風港”。人們把這個颱風中風平浪静的地帶叫“颱風眼”。不過，颱風眼衹能持續6個小時左右，颱風眼過去，天氣又變成狂風暴雨了。

關於颱風的描述，在很久之前就有了。宋代詩人秦觀的《海康書事（其九）》就記載了颱風來臨時的樣子。

海康書事（其九）

【宋】秦觀

一雨復一暘，蒼茫颶風發。
怒號兼晝夜，山海爲顛蹶。
雲何大塊噫，乃爾不可遏。
黎明衆竅虛，白日麗空闊。

颱風來臨的時候，非常凶猛。颱風中心登陸時往往會引起很高的浪潮，在沿海堤地帶，有時還會引起海水倒灌，造成很大的損害。所以，我們要做好防颱風、防汛的工作。我們個人能做的，有以下幾點：

首先是未雨綢繆，提前備好應急食物、飲用水、常用藥物、手電筒、備用衣物等。把門窗關牢，陽臺上的懸挂物、花盆等重物和室外容易被大風吹動的物體都要收回家中。做好家裏電路、煤氣等設備的檢查工作。

其次，在颱風來臨時，躲在安全的地方，不外出。如果你的家在低窪地段，有被颱風導致的降雨淹没的風險，就要帶着必需品提前轉移到安全的地方。

另外，如果不幸遭遇颱風和洪水，在颱風離開後還要做好消毒工作。比如，把長霉的地毯、床墊等换掉，消毒洪水經過的地方，在確保安全的情況下開窗通風，等等。

考一考

“海燕”“山竹”“楊柳”等颱風可真是“威名赫赫”，爲什麼颱風也有名字呢？它們取名有什麼規律或者講究嗎？

14

小孔成像的奥秘

導讀

兩千多年以前，我國學者韓非在他的書裏記載了一個有趣的故事：有人請了一個畫匠在木板上作一幅畫。過了很久，畫匠告訴他："畫成了！"他一看，八尺長的木板上衹塗了一層漆，什麼畫也沒有，便大發脾氣，認爲畫匠欺騙了他。畫匠説："請你修一座房子，房子要有一堵高大的墻，再在這堵墻對面的墻上開一扇大窗户。把木板放在窗上，太陽一出來，你在對面的墻上就可以看到一幅畫。"他半信半疑，照畫匠的話去辦。果然，在屋子的墻壁上出現了亭臺樓閣和往來車馬的圖像，成了一幅絢麗多彩的風景畫。特别奇怪的是，畫上的人和車還在動，不過都是倒着的！

小孔成像是一種奇妙的物理現象。我國古代著名的思想家、科學家墨子在2 400年前做出了世界上第一個小孔成像實驗。實驗中，用一個帶有小孔的板遮擋在墻體與物之間，墻體上就會形成物的倒影，這樣的現象就叫小孔成像。小孔爲什麼能成像呢？睿智的墨子通過研究思考，成功地解釋了小孔成像的原理，指出了光沿直綫行進的性質，這是歷史上第一次對光沿直綫傳播的科學解釋。

最早的照相機利用的就是小孔成像原理。照相機的鏡頭就相當於小孔，外部的光綫通過小孔進入照相機，在照相機後面的膠捲上成像。用特製的溶液對膠捲進行顯影、定影，就得到了照片。

小孔透過的光綫少，成像清晰度差。那麽，照相機又是怎樣提高照片清晰度的呢？原來靠的是凸透鏡。在小孔處嵌入凸透鏡後，四面八方的光綫都可以被收集過來，這樣照相機得到的光綫多了，所成的像就會更真實，更清晰。

數碼照相機和手機在成像技術上又比光學照相機前進了一大步。除了藉助凸透鏡外，人們采用數碼技術，更好地分析光和影。所以，現在我們用手機能够拍到畫面更逼真，細節更豐富的照片。

接下來，我們欣賞一首杜甫的詩，進一步體會小孔成像原理在我們身邊的應用。

絶　句

【唐】杜甫

兩個黄鸝鳴翠柳，一行白鷺上青天。
窗含西嶺千秋雪，門泊東吴萬里船。

杜甫先是站在窗前，看着春天窗外生機勃勃的鳥兒們。那邊的柳樹上，兩隻黄鸝鳥在歌唱；這邊，一行白鷺排着整齊的隊伍衝上藍天。接下來，杜甫在房間裏往後退。以窗框作爲畫框，他看到對面的西嶺雪山和雪山上的冰雪就像嵌在畫框裏一樣，千年不化。以門框作爲畫框，他看到岷江上停泊着不遠萬里從東吴開來的船隻。

杜甫的視角，多麽像一臺照相機啊！其實，人的眼睛和照相機原理類似，也利用了小孔成像原理。

眼睛的結構包括角膜、晶狀體、玻璃體和視網膜。角膜和晶狀體相當於照相機的鏡頭，而視網膜就相當於照相機的底片。在正常情況下，外界的光綫經過角膜、晶狀體，會形成物像，落在視網膜的表面。

照相機用的是凸透鏡，眼睛裏的晶狀體則充滿了特殊的液體。這種液體對光來説，和玻璃的效果差不多。進入眼睛的光綫在經過角膜和晶狀體後改變傳播方嚮，這在醫學上叫作屈光。

屈光，本質上是光的折射。光的折射，是光從一種介質斜射入另一種介質時，傳播方嚮發生偏折的現象。經過偏折後，來自物體的光會聚在視網膜上，形成一個比實物小的物體的像，視網膜上的感光細胞受到光的刺激產生信號，視神經把這個信號傳輸給大腦，我們便看到了物體。

杜甫所看到的“窗含西嶺千秋雪，門泊東吴萬里船”，就是這樣來到杜甫腦海裏的。

考一考

小孔成像是否受孔的形狀、物距、孔徑等因素的影響？

15

水中神奇的力量

導讀

很久以前，古希臘國王讓工匠製作了一頂純金的王冠，雖然王冠和國王要求的一樣重，但是國王依舊懷疑工匠在裏面摻了白銀。於是，國王召見阿基米德，讓他來檢驗王冠是否是純金打造，還要保證王冠完好無損。

阿基米德苦思冥想了多日，也沒有結果。一天，他跨進盛滿水的浴缸中正要洗澡，當看到浴缸中的水向外溢出時，突然靈光一閃，大聲喊道："有辦法了！"

阿基米德顧不上洗澡，激動地跑到工作室開始做實驗。他首先把王冠放入盛滿水的盆中，測量溢出水的體積，又把等重量的純金放入另一個盛滿水的盆中，再次測量溢出水的體積。通過比較，發現純金溢出的水明顯少於王冠的。於是，他得出結論：王冠并不是純金打造的，工匠確實在王冠中摻了假。

國王得知以後，懲罰了工匠，重賞了阿基米德。

提到浮力，那就不得不介紹一個人——阿基米德。阿基米德是古希臘偉大的物理學家，正是他發現了浮力定律。

浮力定律又稱阿基米德定律，即物體在液體中受到的浮力，等於該物體排開的液體重量。也就是等於液體密度ρ、排開液體體積V、重力加速度g，三者的乘積值。

從浮力定律可以看出，在重力加速度保持不變的情況下，物體在液體中所受浮力的大小，主要跟液體的密度、物體排開的液體體積兩個因素有關。當液體密度一定時，物體排開的液體體積越大，受到的浮力也就越大。

浮力能有多大？宋代理學家朱熹的這首《觀書有感（其二）》中就有着形象的描述。

觀書有感（其二）

【宋】朱熹

昨夜江邊春水生，蒙衝巨艦一毛輕。

向來枉費推移力，此日中流自在行。

“蒙衝巨艦一毛輕”，江水的浮力是如此的驚人，像托羽毛一樣輕鬆地把龐大沉重的巨艦托起。爲什麼船受到的浮力會這麼大呢？原來，船也利用了阿基米德原理，特意設計成空心的，雖然船身的重量很大，但它排開的水的體積也非常大，最終船所受的重力和浮力相等，所以可以浮在水面上。

考一考

如果一艘輪船從淡水河航行到海裏，船體沒入水中的深度會有怎樣的變化？

16

閃爍的繁星

導讀

“一閃一閃亮晶晶，滿天都是小星星。”這是我們耳熟能詳的兒歌。晴朗的夜晚，抬頭仰望天空，可以看到滿天的繁星。這些星星大多是和太陽一樣的恒星，能够發光發熱，衹是因爲距離地球太過遥遠，所以看上去很小。星星本身其實是不會閃爍的，那麼爲何我們經常觀察到星星“一閃一閃”呢?

星星看上去忽明忽暗地閃爍，其實與地球上大氣的遮擋有關。

大氣隔在我們與星星之間，當星光通過大氣層時，會受到大氣的密度影響。空氣中有水蒸氣、灰塵等雜質，不同區域含量不同，各區域温度分布也不均匀，所以光綫在穿過大氣層時會發生光的折射現象。由於大氣層中的大氣是時刻變化的，因此光綫折射也會時刻變化，光綫折射後射出的角度同樣也會變化。

所以，當星星的光射到地球上時，光綫通過了大氣層，各種不同的空氣層以不同的形式折射着星光。經過折射後，星光一會兒能進入人眼，一會兒不能，所以人們一會兒能看見星星，一會兒又不能看見，就覺得星星在閃爍了。

古代的詩人們有着善於發現新奇事物的眼睛，他們也觀察到了星星閃爍的現象，并記録在詩詞中。雖然當時的他們不明白現象背後隱含的科學道理，但他們的記載爲我們後人的研究提供了參考。

月臺夜坐（其一）

【宋】楊萬里

秋日非無熱，秋宵至竟清。
老夫連數夕，露坐到三更。
風急星明滅，雲行月送迎。
追歡追不得，歡却偶然成。

考一考

“天接雲濤連曉霧，星河欲轉千帆舞。”夜晚，我們在天空中所看到的星星，大多屬於哪種類型的天體？

17

難識廬山真面目？

導讀

“管中窺豹”的意思是從竹管的小孔裏去觀察豹，衹能看到豹身上的一塊斑紋，而不能看到豹的全部模樣。“管中窺豹”這個成語和東晉著名書法家王羲之的兒子王獻之有關。

王獻之和父親王羲之并稱“二王”，也是一位著名的書法家。他小的時候就很聰明。有一天，王獻之看到幾個人一起玩樗蒲（chūpú）的游戲。他不精通，却在一旁指手畫脚地説：“你要輸了。”那個被説的人很不高興地看了他一眼，然後説：“你這個小孩，根本不懂，就像從管子裏看豹，衹看見豹身上的一塊花斑，看不到全豹。”

所以，後來人們用“管中窺豹”來比喻衹看到事物的一部分，却看不到全部，也有了“管中窺豹，略見一斑”的説法。

“朝日照積雪，廬山如白雲。始知靈境杳，不與衆山群。”廬山，又名匡山、匡廬，是我國十大名山之一。它風景秀美，雄奇險峻，吸引了無數的文人墨客前來觀賞。司馬遷、陶淵明、李白、白居易、蘇軾、王安石、黄庭堅、陸游、朱熹等，都曾登臨廬山欣賞它的壯美風光。

廬山的特點是雄、奇、險、秀，素有“匡廬奇秀甲天下”之譽。

自古命名的山峰有171座，群峰間散布岡嶺26座，壑谷20條，岩洞16個，怪石22處。此外，還有瀑布22處，溪澗18條，湖潭14處。

廬山的地形如此複雜。試想一下，如果你置身廬山之中，讓你描述出廬山的全貌，你能做到嗎？大詩人蘇軾就遇到了這個問題，我們來看看他是怎麼回答的。

題西林壁

【宋】蘇軾

橫看成嶺側成峰，遠近高低各不同。
不識廬山真面目，祇緣身在此山中。

宋代大學士蘇軾被難倒了，從正面看，廬山連綿起伏；從側面看，廬山山嶺聳立；再從遠處、近處、高處、低處分別看廬山，景觀都各不相同。廬山的真面目究竟是怎樣的呢？蘇軾身處廬山之中，很難對廬山的全貌作出準確的描述，祇能無奈地發出"不識廬山真面目"的感慨。

真的沒有辦法解決這個問題嗎？局部注定無法反映出整體嗎？這可不一定。祇要方法正確，我們依然能從局部逐步接近整體。

古代沒有飛機，也沒有無人機，無法通過航拍對山脈進行一覽性的全局觀察，但是仍然繪製出了包含相對準確的地形地貌信息的地圖，用於行軍作戰、劃分區域，甚至確定國家疆界。這說明，假如蘇東坡多花些時間，踏遍廬山的每條山間小路，登上每座山峰，再適度地藉助幾何學、天文學等知識，在很大程度上還是可以知曉廬山真面目的。

人類在科學領域探索研究時，有一個由低到高、由少到多、由局部到整體的發展過程，沒有誰能够一開始就做到全知全能。祇要我們從無序的局部開始，不斷試錯，不斷刷新認知，不斷調整認知方式，逐步梳理，把無序變得有序，通過這樣持續不斷地纍積，就會越來越接近整體，最後通過總結歸納，終將能够勾勒出整體全貌。

考一考

廬山位於江西省九江市，屬於首批國家級風景名勝區。關於廬山的古代詩詞，你還知道哪些呢?

18

嗅覺的奧秘

導讀

手邊有彩虹糖、口香糖的同學可以做個實驗，捏住鼻子，拿一顆糖果放入口中嚼一嚼。你會驚訝地發現：除了酸與甜，幾乎嘗不出來這糖果是蘋果口味、檸檬口味、香橙口味還是葡萄口味。造成這種感受的主要原因，是人類約80%的味覺經驗都來自嗅覺。當舌頭嘗出了酸與甜之後，判斷味覺的工作就交給了由口腔擴散至鼻腔的氣味分子。這也就是爲什麼鼻塞時我們常覺得吃什麼都沒有味道的原因。

也就是説，如果一個人喪失了嗅覺，那麼基本上跟喪失味覺沒什麼區别，以後將不能好好地品味美食。

氣味的本質是什麼？氣味的本質是鼻子感受到化學物質後，大腦作出來的判斷。

在我們的頭部，集中着好幾個重要的感覺器官：看東西的眼睛、聽聲音的耳朵、嘗味道的舌頭，還有聞氣味的鼻子。這些感覺器官收集的信息，都要上傳至大腦中相應的中樞作出判斷。鼻子對應的是嗅覺中樞。

鼻子是怎樣聞到味道的呢？這個問題的解答要感謝2004年諾貝爾生理學或醫學獎的獲得者——美國科學家理查德 · 阿克塞爾和琳

達·巴克。

在鼻腔深處的鼻竇裏，有一類特殊的神經細胞，叫作嗅細胞，是專門用來聞味道的。這些嗅細胞伸出很多“小爪子”，叫作纖毛。纖毛上還有很多氣味受體，用來捕捉氣味分子。氣味分子被捕捉到後，就進入纖毛上的受體之中，然後產生一系列生物大分子的變化。這些變化轉變爲脉衝電信號，通過嗅神經傳遞給大腦中的嗅球。脉衝電信號是瞬間出現又瞬間消失的電信號，像我們的脉搏一樣。嗅球就像信息中轉站，把這些神經電脉衝經過處理後，傳遞給大腦中的嗅覺中樞，我們就產生了嗅覺。

有了嗅覺，我們就可以聞到各種各樣的氣味。氣味是怎麽劃分的呢？是大自然制定好的嗎？來看一下宋代詩人陸游在《卜算子·咏梅》中怎麽描寫氣味的。

卜算子·咏梅

【宋】陸游

驛外斷橋邊，寂寞開無主。已是黄昏獨自愁，更著風和雨。

無意苦争春，一任群芳妒。零落成泥碾作塵，祇有香如故。

站在驛館外的斷橋邊，聞到零落成泥的梅花氣味，爲什麽詩人自然而然地就會覺得這是香味呢?

其實，香和臭是人類自己定義的。人的嗅覺和味覺對氣味和味道的感知是客觀的，但是對這些感知的評價，如香和臭、甜與苦，以及對其他氣味的定義則是主觀的，是進化過程中大腦爲了幫助人體更好地趨利避害，所産生的適應性調整。

我們對自己身體需要的，且要去尋找的，定義爲香的、甜的，比如香噴噴的飯菜、甜甜的水果。而對身體不需要的，我們則會竭力避開，定義爲臭的、苦的，比如變質的食物。我們對於身體需要且能輕易獲得、不需要費力作判斷的，則定義爲沒有味道，比如空氣和水。

考一考

除了陸游的《卜算子·咏梅》外，你還知道哪些描寫氣味的詩句呢？

19

落紅不是無情物——自然界的物質循環

導讀

兩百多年前一個春日的傍晚，清朝文學家、思想家、社會改良的倡導者龔自珍，正牽着馬兒落寞地離開北京。此刻，他心中離別的憂愁像江水一樣浩蕩。

官道兩旁，落英繽紛，好像給大地鋪上了一層織錦。心境凄涼的龔自珍觸景生情：原來，凋謝飄零的落花并不是决然地與植物分手，而是要化作春泥，繼續呵護植物生長，使其明年開出更多美麗的花朵。於是，他寫下了著名的《己亥雜詩（其五）》，以詩明志：自己雖然辭官離京，但依然心繫朝堂，渴望爲國分憂。

爲什麽美麗的花朵會凋謝？留在枝頭，從春到冬，全年綻放，那該多好！

花開花落，是自然界奉行的簡約原則。

自然界裏天然存在的有機物是稀少的，而生物體需要的有機物種類和數量極多。有機物是生命産生的物質基礎，不管動物、植物還是微生物，每個生物個體都是有機物的“博覽會”，其中數量最多的四大類有機物分别是蛋白質、脂肪、多糖、核酸。這四大類中又林林總總有着各式各樣的有機大分子。除此之外，生物體内還有着種類更多的各種有機小分子。這些大大小小的有機物構成了細胞、組織、器官，組成了生物體的硬件。有機物是如此的重要，因此，整個生物界對有機物都是厲行節約，反復利用，真正地做到了循環經濟。

這種循環利用是通過食物鏈進行的。植物是生命世界裏的初級生產者，其生產的生物大分子通過食物鏈層層傳遞，養活大大小小的草食、肉食動物。而逝去的生命，又會成爲微生物的食物，被分解後回歸自然。

作爲循環中的重要一環，植物是怎樣進行生產的呢？原來，它們通過光合作用，吸收利用太陽光的能量，把二氧化碳和水合成富能有機物并釋放氧氣。再加上從土壤中吸收的各種養分，植物啓動一系列的生化過程，生成各類大大小小的有機分子。動物吃了植物後，就獲得了這些有機物。看，植物承擔了多麼重要的有機物生產任務，是生命世界裏名副其實的初級生產者！

然而，植物的後勤保障能力是有限的。植物“搞生産”，首先是爲了養活自己，讓自己長大。對植物來説，開花要消耗很多生物大分子和能量，植物會感覺很“累”。所以，授粉完成後，花朵就要凋謝，犧牲自己，節省下物質和能量。落在地上的花朵會被一些動物和昆蟲吃掉，也會被一些微生物分解掉，最終回歸到土壤中。正如清代文人龔自珍在《己亥雜詩（其五）》中寫的：

己亥雜詩（其五）

【清】龔自珍

浩蕩離愁白日斜，吟鞭東指即天涯。
落紅不是無情物，化作春泥更護花。

如果没有這樣的循環，每個逝去的生命仍然完整地保留在地表上，那麼現在的地球上將沒有我們的落脚之處。組成生命的物質在生物界和自然界不斷地循環，生命纔可以生生不息地繁衍下去。

考一考

植物在生態系統中扮演着生產者的角色，除此之外，生態系統中還有哪些角色呢？

20

不敢高聲語，恐驚天上人？

導讀

“明月幾時有？把酒問青天。不知天上宮闕，今夕是何年？”“霓爲衣兮風爲馬，雲之君兮紛紛而來下。虎鼓瑟兮鸞回車，仙之人兮列如麻。”古人一直對宇宙星空充滿了好奇和嚮往，雖然受科技水平的限制，無法深入其中去探索，但他們仍然用浪漫瑰奇的想象力，爲宇宙增添了不少神秘的色彩。

夜晚，當同學們仰望星空，看着天上銀河璀璨、繁星點點的時候，有沒有想過一個問題：宇宙是寂靜無聲的還是喧囂熱鬧的？抑或是介於兩者之間，有時寂靜，有時喧鬧？

浪漫的大詩人李白就認爲天上是安靜的，自己站在高樓上都不敢大聲説話，怕驚擾了天上人。

夜宿山寺

【唐】李白

危樓高百尺，手可摘星辰。
不敢高聲語，恐驚天上人。

不愧是才華橫溢的“詩仙”，想象力超凡。李白的判斷很正確，宇宙是寂静無聲的。爲什麽會這樣呢？難道是因爲宇宙中没有東西能發出聲音嗎？這倒不是。我們都知道，聲音是由物體振動産生的。在浩瀚的宇宙中，大大小小的星體不斷地進行自轉和公轉運動。在恒星上，每分鐘都在發生着劇烈的核聚變反應。無論在宏觀層面還是微觀層面，星體都在動個不停。或許在某時某刻，星體的某個組成部分就發生了頻率或快或慢，幅度或高或低，範圍或大或小的振動，進而就發出了聲音。

那爲什麽宇宙那麽安静呢？這是因爲衹有振動還不够，聲音的傳播還必須得有介質。聲音的傳播，像是一種藉鑒多米諾骨牌形式的集體舞蹈。在這種舞蹈中，第一個舞者是聲源，她的雙臂做出了一個振動動作後，旁邊的舞者，也就是介質，被她的雙臂碰到後，接受了她的雙臂傳導過來的能量，雙臂也開始振動起來。這種振動不斷地通過雙臂的接觸向四面八方傳遞，於是聲音就傳播開來。當一個舞者停止動作後，後面的舞者不一定立刻就能制止住自己的振動，所以會有裊裊的餘音繼續傳播。

介質必須是一種實體物質。固體、液體、氣體都能成爲聲音傳播的介質，而真空不能充當聲音傳播的介質。所以，不管宇宙中的星球上多麽喧囂，它的聲音都不能穿越虚無縹緲的、絶大部分空間是真空的太空，更别説在星球間傳遞。

因此，在詩的最後，大詩人李白“恐驚天上人”的擔憂是多慮了，不管他怎麽大聲喊，“天上人”都聽不到。

考一考

聲音的“三要素”是什麽？

21

秋花爲何多爲黃色、紫色？

導讀

在美麗的大自然中，我們可以看到各種婀娜多姿、五顏六色的花兒，有紅色、黃色、紫色等等。你知道花朵的顏色是怎麼來的嗎？植物花朵的顏色來自於花朵中的色素。其中，最重要的是花青素，它分布在植物細胞的液泡裏。花青素像魔術師一樣，顏色多變，可以呈現出紅色、藍色、藍黑色、紫色等等。類胡蘿蔔素也是非常重要的色素，它可以讓花朵和果實呈現黃色、橙黃色、橙紅色等。花朵内的色素成分和比例不同，成就了花兒的萬紫千紅、五彩繽紛。

金黄色是秋天的主色調。成熟的果實要麼是深黃色，要麼是紅紫色。如果你去野外走一走，會發現秋天的野花大多數以鮮艷的黄色和深沉的紫色爲主，有别於春天的淺粉主色調、夏天的大紅主色調。爲何會如此呢？

先説黄花。植物也要“結婚生子”，但植物没有腿，不能走路，於是就要招蜂引蝶，讓昆蟲做傳粉志願者。花朵想招募昆蟲做義工，就得把自己打扮成昆蟲眼裏最可愛的樣子。要是舉辦一場顏色大評比，那麽，在昆蟲眼裏，黄色的分數最高。在春、夏、秋三季，如果穿着明黄色的衣服走在户外，很快衣服上會落滿各種小蟲子。

那麼，爲什麼秋天的黄花尤其多？這是因爲秋天天氣變凉，有些昆蟲受不了忽高忽低的氣温變化，早早地就在地下或者樹根、枝條等處“留下子嗣”。已經或者正在完成繁衍大業的昆蟲静静地等待生命的終結，此刻生無可戀，實在提不起興趣給植物做傳粉志願者。秋天開花的植物爲了趕上“義工們”最後的服務，不得不把自己打扮得沉魚落雁，唤起昆蟲最後的一點生命樂趣，黄色就是最佳的選擇。早春孵化出的昆蟲少，迎春花、蒲公英等植物祇好“黄袍”加身，指望用亮麗的黄色來吸引昆蟲。

古代的詩人也觀察到了這個情况，用詩句描寫出了秋天滿城黄花的景象。

不第後賦菊

【唐】黄巢

待到秋來九月八，我花開後百花殺。

衝天香陣透長安，滿城盡帶黄金甲。

等到秋天，菊花盛開，喜迎重陽。菊花開過，綿延了春、夏、秋的花季就告一段落。此刻，菊花香氣沁人，氤氲了整個長安城，遍地的菊花如同給長安城穿戴上了一層金黄色的盔甲。

再説紫花。秋天的植物開藍紫花，是因爲秋天的臭氧層變得稀薄，從大氣層穿透過來的紫外綫增多，非常適合花青素、矢車菊色素等紫色色素的合成。此外，紫外綫能提高種子發芽的概率，增加葉緑素含量，繼而提高植物産量，但是也會造成植物莖部長不大，葉片變小。在植物開花結果時，過多的紫外綫還會造成花粉和植物子房中的生殖細胞DNA斷裂，增加後代的畸變率。一些植物的花朵對紫外綫比較敏感，就把自己調成了藍紫色，把藍紫光以及波長更短的紫外綫反射回去，不讓紫外綫進入細胞內部破壞DNA。而另一方面，在傳粉昆蟲的眼睛裏，藍紫色在陽光下也十分美麗。所以，紫色花朵比較容易招蜂引蝶，從而完成傳粉受精，延續植物的後代。

考一考

“不是花中偏愛菊，此花開盡更無花。”秋天是菊花盛開的季節，你還知道哪些關於菊花的詩詞呢?

22

蜀道難：車與路的協同進化

導讀

1886年1月29日，兩位德國人卡爾·本茨和戈特利布·戴姆勒獲得世界上第一輛汽車"奔馳一號"的專利權，標志着世界上第一輛汽車誕生。"奔馳一號"采用了三輪設定，前輪小，後輪大，配有卧置單缸四衝程汽油發動機，0.89匹馬力，最大時速15千米/時。

雖然發動機工作時噪聲很大，傳遞動力的鏈條質量不過關，常常發生斷裂，但"奔馳一號"已具備了現代汽車的一些基本特點，比如電點火、水冷循環、鋼管車架、鋼板彈簧懸挂、後輪驅動、前輪轉彎和掣動手把等。

在誕生之初，人們對汽車并無好感，甚至對這個發出巨大噪聲的怪物很排斥。經歷了一系列的改進，汽車逐漸被人們所接受。隨着時代的發展，汽車逐漸成爲人們日常出行的重要交通工具，豐富了人們出行的方式。

我們知道，再好的車子，如果没有寬闊平坦的馬路，也發揮不出它應有的性能。在道路交通不發達的古代，地形對於交通工具的影響是不言而喻的。比如，秦地和蜀地之間被崇山峻嶺所阻隔，秦嶺最高峰——太白峰横亘其中，道路極其難走，唐代詩人李白就有一首詩

"吐槽"過這段道路。

蜀道難（節選）

【唐】李白

噫吁嚱，危乎高哉！
蜀道之難，難於上青天！
蠶叢及魚鳧，開國何茫然！
爾來四萬八千歲，不與秦塞通人烟。
西當太白有鳥道，可以横絶峨眉巔。
地崩山摧壯士死，然後天梯石棧相鈎連。

"蜀道之難，難於上青天！"這是李白對蜀道交通最直白的評價。蜀道自古就是出名的難走，就連足智多謀的諸葛亮，在六出祁山時也衹能捨近求遠避開蜀道的山巒，讓輜重車輛儘可能選取平坦的陽關大道。

隨着人類道路交通水平的不斷發展，人們慢慢意識到：車和路是協同進化發展的。古人在修建道路時，儘量使馬車經過的地方陡坡變緩、溝壑相連。由於古代工程條件的局限性，在山區修路遠比在平原地區艱難，因此，李白在《蜀道難》中感嘆："地崩山摧壯士死，然後天梯石棧相鈎連。"

怎麼讓車子更快、更平穩地行駛呢？後來，人們發明了火車。早期的火車采用蒸汽動力系統，不再依賴於之前的畜力或者人力。蒸汽機能持續地提供更好的動力，推動火車快速前進。既然想跑得快，肯定要有配套的道路。鐵軌是火車的專用道路，火車配套的金屬車輪在上面行駛。光滑的金屬表面極大地減少了滾動摩擦力，提升了火車的速度，但是也限制了火車行進的方嚮和到達的地點。火車被鐵軌約束着，是“不自由”的交通工具。但是，這却是車和路第一次成功的協同進化。

汽車的出現要比火車晚，汽車的動力來源同樣擺脱了畜力、人力，采用燃燒汽油或柴油的發動機系統。汽車的速度可以很快，這麼快的速度對輪子和道路都提出了更高的要求。

輪子要用橡膠輪胎。最早的橡膠輪胎使用天然橡膠，合成橡膠是後來纔生産出的。橡膠輪胎比木頭輪胎、鐵皮輪胎更耐磨，更有支撑力，可以承載着汽車行駛很遠的距離，而不會嚴重損壞。有彈性的橡膠還給輪子提供了緩衝力，減少了車輛的顛簸，於是道路的平整性成爲影響乘車舒適度的主要問題。人們開始用柏油或者水泥硬化道路，好讓汽車快速平穩地行駛。車和路又完成了一次精彩的協同進化。

後來，汽車的速度變得越來越快，普通公路開始讓位於高速公路，高速公路更爲平整，没有紅緑燈，可以讓汽車盡情馳騁。而火車也從緑皮車發展到高鐵，普通鐵軌也被高鐵路網更新迭代。未來會怎樣？有人設想過一種超高速的火車，用磁懸浮技術驅使列車，整套鐵路在密閉的真空管道中運行。這個真空管道系統構成了這種新式高鐵的路，而與之配套的則是新式的高速列車。

考一考

你知道火車的發展史嗎？請簡要介紹。

23

高處不勝寒

導讀

珠穆朗瑪峰（簡稱“珠峰”），是目前世界海拔最高的山峰。2020年，中國測量登山隊測得珠峰最新高度爲8 848.86米。

珠峰上的温度很低。每年的1月份是珠峰最冷的時候，即使是氣温相對比較高的5月，峰頂温度也在零下30 ℃左右。所以，人們在攀登珠峰的時候，不僅需要有足够的勇氣、專業的設備，還要有完備的禦寒保暖措施，以防凍傷。

珠峰之所以嚴寒，和它的海拔高度密切相關。

自然環境的温度受諸多因素的影響，其中有一個重要因素就是海拔高度。海拔高度是指地面某個地點高出海平面的垂直距離（我國的海平面以黃海海平面爲基準面）。海拔越高，氣温越低，平均每上升1 000米，氣温約下降6 ℃，這個規律也叫氣温垂直遞減率。

氣温隨着海拔高度升高而降低，主要和大氣環境相關。地表的熱量主要來源於太陽輻射。海拔越高，空氣越稀薄，大氣的保温效果越弱，地表散熱也就更快。

唐代詩人白居易在《大林寺桃花》中，不經意間向人們描述了這種自然地理現象。

大林寺桃花

【唐】白居易

人間四月芳菲盡，山寺桃花始盛開。
長恨春歸無覓處，不知轉入此中來。

“人間四月芳菲盡，山寺桃花始盛開。”明明已經到了初夏，山上却還存在着通常陽春纔盛開的桃花。

這是因爲大林寺位於山上，山上的氣温要低於山下，當山下“人間”春盡夏至時，山上環境氣温可能纔剛剛達到適合桃花開放的程度。

考一考

你知道歷史上中國對珠峰的高度進行過幾次測量嗎？最新的測量有哪些意義呢？

24

曹操眼中的星辰大海

導讀

天文學的發展經歷了三個階段：地心說、日心說和大爆炸說。

地心說最早是由古希臘學者歐多克斯提出的，之後經過亞裏士多德、托勒密對其進一步發展，逐漸得以建立和完善。托勒密認爲，地球在宇宙中心處於靜止不動的狀態。從地球向外，依次有月球、水星、金星、太陽、火星、木星和土星，它們沿着各自的運行軌道繞地球運轉。

地心說在古代西方長期處於主要的地位。

在宇宙中，地球和太陽誰圍繞着誰旋轉呢？稍微接觸過天文的同學都能給出正確的回答，即地球圍繞着太陽轉。可古人却不這麼認爲，我國古代著名的政治家、軍事家曹操就認爲日月星辰都圍繞着大海運動，從海中升起，向海中隱落，有詩《觀滄海》爲證。

觀滄海

【東漢】曹操

東臨碣石，以觀滄海。
水何澹澹，山島竦峙。

樹木叢生，百草豐茂。
秋風蕭瑟，洪波涌起。
日月之行，若出其中；
星漢燦爛，若出其裏。
幸甚至哉，歌以咏志。

在曹操的眼中，秋日的海邊，島礁嶙峋，草木尚未褪盡緑意，風起浪涌。波瀾壯闊的大海似乎包容一切，“日月之行，若出其中；星漢燦爛，若出其裏”，看起來好像地球纔是宇宙的中心。

當然，作爲一位忙於争霸天下的政治家，曹操可没有時間研究探討天文科學，他在詩中的描寫衹是文學的表達，不是科學論述。但是，在當時的西方，人們把這種觀點奉爲“真理”。他們相信地球是宇宙的中心，所有的天體都圍繞着地球旋轉，太陽也不例外，這就是歐洲科技史上曾經綿延了1 500多年的“地心説”。

16世紀前，人們對“地心説”非常追捧，因爲它與西方教會的思想“完美”契合。教會認爲，上帝創造了人，同時爲了人這個重要作品，創造了宇宙萬物。自然而然，人類所居住的地球應該位於宇宙中心，日月星辰圍繞地球運行。

謬論畢竟是謬論，終將被事實推翻。隨着天文學的不斷發展，這一“千年成見”最終被一位波蘭青年所打破。

1506年，已經獲得博士學位的波蘭青年哥白尼成爲一名醫生，同時在教堂裏做教士。然而，哥白尼真正的興趣是天文觀測。在教堂箭樓上，他建立了一座小型天文臺，還自製了天文觀測儀器日複一日地對宇宙進行觀察和研究。1535年，哥白尼總結了自己近30年的天文觀察、計算和研究成果，寫出了劃時代的巨著《天體運行論》，創立了“日心説”，即地球衹是一顆普通的行星，并不是宇宙的中心，地球圍繞太陽運行。

“日心説”的提出，在當時教會掌控着人們所思所想的歐洲引發了一場軒然大波。哥白尼無异於“撕毀了”教會的教科書，因此“日心説”剛一問世，就被教會視爲异端，《天體運行論》被列爲禁書。直到1543年5月24日哥白尼去世的那一天，他纔收到出版商寄來的書。之後，意大利哲學家布魯諾因爲捍衛和發展了“日心説”，被教會投入監獄嚴刑拷打，關押達7年之久，在1600年，被燒死在羅馬鮮花廣場。

意大利著名物理學家伽利略用自己製作的望遠鏡觀察天體運行，證實了地球確實繞太陽運轉，木星周圍有4顆衛星繞着它轉動，金星也有類似月亮的盈虧現象。爲此，69歲的伽利略被教廷傳訊，并被施以酷刑，最後雙目失明，於1642年含冤去世。

科學成就離不開精神支撑，無數科學家追求真理、無畏犧牲的精神將時刻感染着當代青年學生努力實現個人價值。

考一考

我們都知道地球圍繞太陽公轉，那麼太陽圍繞什麼運動呢？

25

“作息規律”的海洋潮汐現象

導讀

生活在海邊的人們，常會看到海水周期性漲落的現象。古代人們爲了表示生潮的時刻，把海水在白天發生的漲落稱爲“潮”，在夜晚發生的漲落稱爲“汐”，與“朝夕”相對應，稱爲“潮汐”。這就是潮汐名稱的由來。

潮汐現象是指海水在天體的引潮力作用下所產生的周期性漲落運動。所謂引潮力是由天體（主要是月球和太陽）對地球的引力和地球繞地–月公共質心運動所產生的慣性力構成的。

由於月球相對太陽而言距離地球更近，所以月球對地球海水產生的引力作用要强於太陽，也就是説月球在潮汐現象的天體因素中起主導作用。月球是地球的衛星，圍繞着地球轉動，當海水隨同地球自轉到距離月球最近位置時，受到的月球引力最大，從而發生漲潮；當海水繼續隨地球轉動至距離月球最遠位置時，受到的月球引力最小，此時地球産生的慣性力同樣會使其上漲。所以通常情況下，同一海域在一天之内會發生兩次潮漲潮落。

關於潮汐現象，唐代詩人張若虚在《春江花月夜》中也有記載。

春江花月夜（節選）

【唐】張若虛

春江潮水連海平，海上明月共潮生。
灩灩隨波千萬里，何處春江無月明。
江流宛轉繞芳甸，月照花林皆似霰。
空裏流霜不覺飛，汀上白沙看不見。
江天一色無纖塵，皎皎空中孤月輪。
江畔何人初見月？江月何年初照人？
人生代代無窮已，江月年年祇相似。

“春江潮水連海平，海上明月共潮生。”作者在這段詩句中描寫了明月隨同潮水一起上升的自然景象。或許張若虛并不知道，“春江潮水”之所以上漲，其實與明月的引力作用有很大的關係。

考一考

“門前石岸立精鐵，潮汐洗盡莓苔昏。”潮汐是在月球和太陽引力作用下，海水周期性漲落的現象。潮汐現象對人類來說非常具有價值，請舉出一些人類利用潮汐的例子。

26

飛蛾爲什麼撲火?

導讀

飛蛾是一種鱗翅目昆蟲，夜間喜歡在光亮處聚集，所以民諺有“飛蛾撲火自燒身”的説法。飛蛾屬於完全變態發育，一生要經過卵、幼蟲、蛹和成蟲四個發育階段，幼蟲和成蟲在形態結構、生活習性上完全不同。飛蛾類昆蟲是鳥類、爬蟲類、兩栖類等食蟲性動物的主要食物來源之一，是自然界食物鏈中重要的一環。

飛蛾和蝴蝶具有近親關係，不過兩者還是有區别的。比如飛蛾的色彩較爲暗淡，而蝴蝶顔色鮮艷；飛蛾一般出現在夜間，而大多數蝴蝶喜歡在白天活動；飛蛾頭部觸角呈絲狀或羽毛狀，而蝴蝶頭部觸角呈棒狀或錘狀。

在日常生活中，人們常常能看到飛蛾飛入火焰結束自己生命的現象。很多人説，飛蛾這是在嚮往光明，捨生取義，解釋這種現象爲昆蟲的趨光性。真的是這樣嗎?

事實上，科學家認爲飛蛾撲火并非被火焰的光芒所吸引，恰恰相反，而是被光源弄得失去了方嚮感。

飛蛾喜歡在夜間活動，夜間活動時依靠天然的光源，如月光或星光等來判斷飛行方嚮。由於月亮、星星等天體距離地球很遠，它們的光綫射到地球上可以看作是平行光，飛蛾會讓這些平行光以一個固定的角度持續射入自己的眼中。這是一種“天文導航”，飛蛾依靠這種方法保持飛行的方嚮。

然而，當夜晚存在燈光、火光等遠亮於自然天體光綫的人造光源時，飛蛾就會以這些人造光源爲導航基準。但人造光源的光綫并不是平行的，而是呈中心放射狀發散的。飛蛾依然保持使自己同光綫有着固定角度的飛行習慣，不斷地沿着發散的光綫調整飛行路綫，這就導致飛蛾飛出來的軌迹不再是直綫而是螺旋形的曲綫，即“阿基米德螺綫”。螺綫飛行的結果使飛蛾離光源越來越近，給人一種飛蛾被光源“深深吸引”的感覺。

古人也很早就注意到飛蛾撲火的現象，唐代詩人張祜在《贈内人》中就有所記述。

贈内人

【唐】張祜

禁門宫樹月痕過，媚眼惟看宿鷺窠。
斜拔玉釵燈影畔，剔開紅焰救飛蛾。

“斜拔玉釵燈影畔，剔開紅焰救飛蛾。”宫女在燈影旁拔下自己頭上的玉釵，挑開燈焰救出那撲火的飛蛾。也許這位宫女并不知道飛蛾撲火的科學奥秘，但是善良的她幫助飛蛾逃過了一劫。

考一考

蝴蝶和飛蛾具有近親關係，請通過觀察總結蝴蝶的習性。

27

旅途不忘“拗造型”？

導讀

候鳥不同於留鳥，它們是隨季節的變化進行遷徙的鳥類。候鳥大致分爲兩種：一種是夏候鳥。夏候鳥於春夏時節在某個地區繁殖，秋季飛到較暖的地區過冬，第二年春季返回原地區，如黃鸝、家燕、杜鵑。還有一種是冬候鳥。這種候鳥冬季在某個地區生活，春季飛到較遠而且較冷的地區繁殖，秋季又會飛回原地區，如野鴨、天鵝、大雁。

在自然中，大雁是一種常見的候鳥，在秋冬時節經常能够看到大雁成群結隊地在天空中向南方飛行的場景。如果留心觀察，我們會發現雁群并不是雜亂無序地飛行，有的飛行呈“人”字形，有的飛行呈“一”字形。

難道大雁在飛行過程中還這麼在乎隊伍的“造型”？答案是肯定的。衹不過這個“造型”不是爲了讓外界觀賞，而是爲了種族能够生存下去。

大雁南飛的旅途動輒上千公里，需要耗費一到兩個月的時間。如此漫長的旅途對它們的體力而言，無疑是一種巨大的考驗，除了必要的食物補充，選擇省力的飛行方法至關重要。

因此，雁群在飛行過程中往往會排成整齊的“人”字形或者

“一”字形。飛在最前面的大雁，我們稱之爲“頭雁”。頭雁在前面拍打翅膀飛行的時候會産生一股上升的氣流，後面的大雁就可以藉着這股上升氣流飛行，從而使自己省力。這就要求頭雁擁有强大的體力作爲支撑，所以頭雁通常是年輕力壯的成年大雁。除此之外，頭雁還承擔着爲雁群導航領路、尋找食物和休息落脚點等責任。

秋夜望單飛雁

【南北朝】庾信

失群寒雁聲可憐，夜半單飛在月邊。
無奈人心復有憶，今暝將渠俱不眠。

“失群寒雁聲可憐，夜半單飛在月邊。”如果這隻失群落單的大雁是雁群中的頭雁，是否就不會發出可憐的叫聲呢？

頭雁有着充沛的體力和豐富的經驗，在雁陣中的確發揮着重要作用。不過，如果頭雁單獨行動，就會缺乏族群的保護，甚至會受到其他肉食性鳥類的攻擊，同樣難以抵達目的地。所以，頭雁和其他成員一樣，都不能失去集體的庇護。

考一考

近年來，南方的冬天并没有我們想象的那麽温暖，爲何鳥兒還會有南飛過冬的習慣呢？

28

誰給雪花上了色?

導讀

在氣温低且氣候濕潤的情况下，容易產生降雪。此時，高空雲層裏的温度很低，水分會緩慢地凝集到各種各樣微小的懸浮顆粒上，形成一些表面非常平滑的晶體。當空氣的力量不足以托住這些凝結晶體的時候，它們就會從雲層裏掉向地面，并在風的作用之下，在空中互相碰撞，最終形成絮狀的雪花。

下雪，是一種常見的自然現象。下雪時，無數的雪花從天空中輕輕飄落，紛紛揚揚，一朵朵、一片片，晶瑩如玉，潔白無瑕，把大地染成一片白色。雪是如此的潔白、純凈，古往今來，無數文人極盡筆墨來描繪它的美麗，表達對它的喜愛。唐代著名的邊塞詩人岑參就是其中之一，他在《白雪歌送武判官歸京》中寫下了咏雪的千古名句。

白雪歌送武判官歸京（節選）

【唐】岑參

北風捲地白草折，胡天八月即飛雪。
忽如一夜春風來，千樹萬樹梨花開。

“忽如一夜春風來，千樹萬樹梨花開。”塞外下起的大雪布滿枝頭，仿佛一夜之間忽然吹來了春風，使周圍的樹上都開出了白色的“梨花”。寒冷的“胡天八月”怎麼會有梨花？詩人在這裏用了比喻的手法，雪花和梨花一樣都是潔白色的，所以把雪花比作梨花。

看到這裏，不知道你有沒有想過這樣一個問題：雪花爲什麼和梨花一樣是白色的呢？而且，白色的積雪一段時間後會融化，變成無色透明的水，潔白的顏色怎麼消失了呢？

原來，雪花的“白”來源於自然界中的光。雪花是由許多小冰晶組成的，外部的光射到冰晶上會發生折射、反射。由於冰晶的數量很多，所以光很難透射，幾乎全被反射。反射的各種波長的可見光組合在一起，看上去就成了白色。

考一考

關於大雪的詩詞不勝枚舉，你能説出多少首呢？

29

揭秘指南針

導讀

相傳4 000多年前，華夏族的首領黃帝和東方部落的首領蚩尤在涿鹿進行了一場大戰。戰爭持續數年之久，黃帝部落逐漸占據了上風。

可是，每當黃帝即將取勝之時，山野中總會出現大霧，讓黃帝的軍隊無法辨明方嚮，貽誤戰機。

黃帝思來想去，終於想到一個辦法，他讓部下中的一些能工巧匠製造出了一個能够辨別方嚮的指南車。在指南車的指引幫助下，黃帝帶領軍隊順利衝出大霧，一舉擊敗蚩尤，獲得大勝。

雖然這個故事衹是傳説，但它表明指嚮裝置在戰爭領域具有重要作用。在中國，指嚮裝置發展歷史悠久，最具代表性的就是中國古代四大發明之一——指南針。

指南針的指針其實是一個磁體，具有南極（S極）和北極（N極）。對於磁體而言，同名磁極（N、N或S、S）相互排斥，异名磁極（N、S）相互吸引。

地球也是一個巨大的磁體，同樣具有磁極概念上的南、北極。但是，地磁南、北極與地理南、北極正好相反：地球的地磁北極（N極）在地理南極附近，地磁南極（S極）在地理北極附近。

所以，能够自由轉動的指南針，其磁針北極受到地磁南極的吸引，從而指嚮地理上向北的方嚮；磁針南極受到地磁北極的吸引，指嚮地理上向南的方嚮。這就是指南針能够指示南北方嚮的原理所在。

需要注意的是，地球的地磁兩極同地理兩極不是完全重合的。也就是説，指南針并不能指嚮地球絶對正南和正北方嚮，而是略微偏離的。指南針衹是爲了讓使用者有一個大致的方嚮判斷。

宋代愛國將領文天祥在《揚子江》這首七言絶句中，就巧妙地提及了磁針指南的特性。

揚子江

【宋】文天祥

幾日隨風北海游，回從揚子大江頭。
臣心一片磁針石，不指南方不肯休。

“臣心一片磁針石，不指南方不肯休。”作者藉此詩表達了自己對南宋朝廷忠貞不貳的氣節，就如同指南針永遠指嚮南方那樣不會改變。

考一考

指南針是中國古代四大發明之一，你知道另外三大發明是什麼嗎？它們是怎樣被發明出來的？

30

憂愁沮喪，小心“白髮三千丈”

導讀

春秋戰國時期，有一個叫伍子胥的楚國人，他的父親伍奢是楚國的一個大官。衹可惜世事無常，伍奢在朝廷爭鬥中被一個叫費無忌的奸臣陷害，引來了殺身之禍。伍子胥因受到牽連，被迫逃亡。

當他逃到楚國的邊境昭關時，却發現城門早已被重兵把守，哨兵正拿着他的通緝令畫像，對每一個外出人員進行仔細的盤查。伍子胥很清楚自己的境況，整個楚國都在搜捕自己，這樣耗下去，自己遲早被抓，將死無葬身之地，可若想離開楚國，就必須要通過昭關的城門。這下他犯了難，情緒極度緊張憂慮，加上失去父親的悲傷，一夜之間，伍子胥的頭髮全部變白了。

第二天，伍子胥醒來後發現自己頭髮産生了變化，下定決心賭一回。正可謂天無絶人之路，他憑藉着一頭白髮順利騙過了昭關城門的守衛，成功逃離了楚國。

這就是“一夜白頭”的故事。

從伍子胥“一夜白頭”的軼事典故中可以看出，古代的人們已經意識到，憂愁、煩惱等負面情緒的存在，會給人的身體帶來不利的影響，可能會導致頭髮加速變白。這一點在許多古詩詞中也有體現，比如下面這首大詩人李白的《秋浦歌（其十五）》。

秋浦歌（其十五）

【唐】李白

白髮三千丈，緣愁似個長。
不知明鏡裏，何處得秋霜！

“白髮三千丈，緣愁似個長。”詩句的大意是：我的白頭髮好像有三千丈那麼長，是因爲憂愁纔長得這樣長。至於憂愁爲什麼會使人生出白髮，恐怕李白不能給出一個科學的解釋。

負面情緒，即消極情緒，如焦慮、悲傷、憤怒。這些情緒如果不能得到及時的疏導和釋放，就會使人長期處於精神緊張甚至抑鬱的狀態，對人正常的工作、生活造成影響，如飲食不規律、睡眠質量變差、情緒暴躁等等。在這種狀況下，人的體質下降，身體正常的運轉代謝受到影響，可能會引起供應毛髮營養的血管痙攣、毛囊色素細胞分泌黑色素的功能發生障礙等不良後果。頭髮不能得到足够的營養和黑色素供應，就會變白了。

考一考

有關“憂愁”方面的詩詞，你能説出多少？你有哪些排解憂愁的好方法呢？

31

酒，真能解憂嗎？

導讀

“蘭陵美酒郁金香，玉碗盛來琥珀光。”酒是成年人常會飲用的一種飲品。在中華民族五千多年的歷史長河中，酒一直占據着重要地位。從飲食烹飪、養生保健到文學藝術創作、文化娛樂等，酒幾乎滲透到社會生活中的各個領域。在這個意義上講，酒不僅僅是一種飲品，它還具有“豐富”的精神文化價值。一些人認爲，喝酒喝的不僅是酒，更是一種情趣，一種氛圍，一種心情。在幾千年的歷史沉澱下，酒在中國已經形成了一種特有的文化——酒文化。

生活中，我們常常會聽到這樣一個詞叫“借酒消愁”，意思是人喝了酒就會忘記所有的憂愁和煩惱。其實不單單是現在，酒的這種“快樂水”標簽很久以前就存在了，比如曹操發出的“何以解憂？唯有杜康”這樣的感慨。

那麼，飲酒真的能够排解人的憂愁情緒嗎？答案是否定的。

酒，作爲穀物、水果發酵形成的產物，其營養價值相當有限。酒的主要成分是酒精，酒精被攝入人體後主要是由肝臟進行分解代謝。當一個人喝酒攝入酒精的速度快於肝臟分解代謝酒精的速度時，血液酒精濃度就會上升。隨着血液酒精濃度的持續升高，酒精的作用不斷加強，人的感覺、反應能力、呼吸、心跳也都逐漸受到影響。

科學研究顯示，當血液酒精濃度達到0.05%時，人的中樞神經系統會產生興奮，緩解人心情的不適；當血液酒精濃度達到0.1%時，人則會出現手脚動作遲緩、意識不清等醉酒症狀；而當血液酒精濃度達到0.5%時，人就會失去意識，昏迷不醒，呼吸、心跳中樞麻痹，危及生命。

關於喝酒解憂這件事，唐代詩人羅隱有着怎樣的看法呢？

自　遣

【唐】羅隱

得即高歌失即休，多愁多恨亦悠悠。
今朝有酒今朝醉，明日愁來明日愁。

“今朝有酒今朝醉，明日愁來明日愁。”羅隱認爲，既然喝酒就應該喝個酩酊大醉，圖個痛快。很明顯，從健康的角度來看，他并不清楚過量飲酒會讓人體血液酒精濃度超標，對人體產生危害。

不過，他也清楚所謂的“借酒消愁”，僅僅是喝下去的酒精發揮的暫時性作用罷了，等到第二天清醒過來，該憂愁依舊會憂愁。

考一考

你有什麼排解憂愁情緒的好方法嗎？

32

拿公鷄當鬧鐘不行嗎?

導讀

晋代有一個叫祖逖的年輕人，他志嚮遠大，渴望報效國家。祖逖有個一起學習、生活的好友叫劉琨，同樣也是一位有理想抱負的青年。他們兩個志同道合，友情深厚，無話不談。

有一天半夜，祖逖聽到了屋外公鷄的鳴叫聲，從睡夢中醒了過來。他思忖了片刻，把旁邊的劉琨喊醒，對他説："人們常説半夜聽見鷄叫不吉利，我却不這麼認爲，咱們乾脆以後聽到鷄打鳴就起床練劍，一來强身健體，二來精進武藝。怎麽樣？"劉琨欣然同意。

從此，兩人不管是三九寒冬還是三伏酷夏，每天衹要聽到公鷄打鳴就立馬起床練劍。功夫不負有心人，後來他們倆都成了文武雙全的棟梁之材。

聞鷄起舞的故事家喻户曉。要説祖逖和劉琨最後能成就一番事業，那隻"準點"打鳴的公鷄可謂功不可没呀！

從古至今，人們普遍認爲公鷄打鳴的時間特别早，并且衹在清晨拂曉之時纔會"喔喔喔"地啼叫。因此，在現在部分農村地區，以及没有鬧鐘的古代，一些需要早起的人常常會把公鷄當作天然的固定鬧鐘。比如，唐代書法家顔真卿在《勸學》詩中有着這樣的敘述：

勸　學

【唐】顏真卿

三更燈火五更鷄，正是男兒讀書時。
黑髮不知勤學早，白首方悔讀書遲。

“三更燈火五更鷄，正是男兒讀書時。”讀書最好的時間是三更至五更之時，年輕人要做到“起得比鷄早”，把握時間努力學習，不虛度光陰。

從科學角度來看，公鷄打鳴究竟是怎麼一回事呢？

我們要清楚公鷄并不是衹在早晨纔會啼叫。事實上，當它們宣告“領土”的主權、受到其他動物入侵以及受到别的公鷄威脅時，會發出鳴叫作爲警告。在它們求偶的時候，爲了吸引母鷄的注意，也會發出鳴叫。

那麼，公鷄爲什麼會有在早晨打鳴的習慣呢？其實，公鷄打鳴主要是受它們體内的生物鐘調控，同時還受到外部環境的影響（主要是光照的刺激）。

每一天，太陽都是東升西落，如此規律的外部光照環境使得公鷄形成了相對固定的生物鐘。至於光照爲何會促使公鷄鳴叫，研究發現，在黑暗的環境中，公鷄感知不到光亮，其大腦松果體區域就會分泌一種叫作褪黑素的物質。這種物質具有鎮定作用，能够抑制公鷄興奮，使它們停止發聲。不過，公鷄對於所處環境的光照比較敏感。當黑夜結束、天開始放亮時，光綫會透過公鷄的眼睛傳入大腦，此時松果體就會減少褪黑素的分泌，公鷄也就興奮起來了。

所以，如果想拿公鷄當鬧鐘，可别把它關到没有光綫的小黑屋哦！

考一考

母鷄是否存在打鳴的現象？

33

大地“發飆”不得了

導讀

2011年3月11日，日本東北部太平洋海域發生了里氏9.0級特大地震，震源深度約爲10千米。地震隨後引起巨大海嘯，經後期測算，海嘯的高度最高達到了23米，使得沿海大量的房屋被衝毁，居民流離失所，社會經濟損失難以估量。同時，地震還導致福島核電站放射性物質泄漏，嚴重威脅當地生態環境和居民的健康。

這場地震讓地球自轉軸偏移了近16厘米，也讓日本向美洲大陸移動了近4米。

地震，是一種由地殼和板塊運動碰撞引起的自然現象。人們往往談“震”色變，主要是因爲它具有不確定性、突發性，以及驚人的破壞力，常常給人們帶來深重的灾難。

從現有的關於地震研究的成果來看，人類已經有了關於地震各項參數的具體表徵和種類劃分，以及地震到來之時的具體防護措施。不過，人類目前還并不能做到對地震時間、地點的精準預測。

每當閱讀或收聽關於地震的新聞報道，我們常會聽到這樣幾個有關地震的專有名詞：震源、震中、震級、烈度。然而，很多人却并不知道這些詞各自代表的含義。

震源，字面意思就是“地震的源頭”。它是地震發生的起始位置，斷層開始破裂的區域。正是由於這個“區域”產生了破裂，纔導致了地殼運動，進而引起地表地震。在地震研究過程中，科學家常把震源區域看作一個點，以方便數據的計算。

震中，是指震源投影至正上方地面的區域。和震源一樣，震中也被看作一個點。震中到震源的垂直距離，叫作震源深度。地面上任何一個位置（點）到震中的直綫距離，叫作震中距。

接下來就是最容易混淆的兩個概念：震級和烈度。

震級是指地震的大小。地震釋放的能量越大，震級也就越大。目前，國際上采用的震級標準爲里氏震級。里氏震級每增加1級，通過地震釋放的能量增加大約32倍。1960年發生在智利的大地震，其震級達到了里氏9.5級，是世界上已測得的最大震級地震。

烈度是指某一地區的地面和各類建築物遭受一次地震影響的强弱程度，是衡量地震對地面影響程度的一種度量。同一地震發生後，不同地區受地震影響的破壞程度不同，烈度也不同。受地震影響破壞越大的地區，烈度越高。

如果説一個人親眼目睹過地震到來的場景，那絶對是他一生中揮之不去的夢魘。地震古來有之，古人是如何形容地震的呢？

和心淵雷雨地震詩

【元】陸文圭

天公惡作劇，翻手變炎凉。
海運三山動，江高數尺殭。
震雷驚失匕，漏雨苦移床。
不慮填溝壑，真成老更狂。

“海運三山動，江高數尺彊。”海面翻滾咆哮，地動山搖，江河水也被蕩起數尺之高。由此看來，詩人筆下的這個地震所引發的環境變化特徵和今天并没有什麼不同。至於地震到來時是一種怎樣的視覺震撼，希望我們每個人都不要有機會經歷。

考一考

什麼是地震安全三角區？如果突然遭遇地震，室內和室外分別有哪些具體的防護措施？

34

傳奇的藥物，背後的大樹

導讀

阿司匹林，又稱乙酰水楊酸。説到它的發展史，需追溯到19世紀末。1897年，德國化學家霍夫曼通過用水楊酸與醋酐反應，成功製取了乙酰水楊酸。1899年，德國拜耳公司獲得了乙酰水楊酸的發明專利，開始正式將其投產製藥，并爲該藥取名爲Aspirin，直譯爲“阿司匹林”。民國時期，阿司匹林進入我國，因藥效神奇，在當時又被國人叫作“阿司匹靈”。

從1897年到現在的一百多年間，西藥發展速度迅猛，各類新藥層出不窮。不過，阿司匹林依舊是人類醫藥史上經典的藥物之一，直到現在還被廣泛應用於解熱、鎮痛和抗炎的治療。同時，它還具有抗血栓的作用，在臨床上可用於預防心腦血管方面的疾病。

在醫學上享有盛譽的阿司匹林，其實是從柳樹的樹皮中提煉出來的。

柳樹，是自然界中很常見的一種木本植物，主要産於北半球温帶地區。柳樹品種繁多，據統計，全球柳樹共有520多種，在我國就有257種。

柳樹是中國的原生樹種，以垂柳、旱柳兩大類爲主，其地域分布廣泛，不論是在高山、平原還是沙丘，都能看到它們的身影。

通常情況下，柳樹在早春發芽，深秋落葉，喜歡生長在温暖濕潤且光照充足的環境下。它們根系發達，易繁殖，萌芽率高，環境適應性出色，能够在條件惡劣的環境中生長，具有一定耐寒、耐旱、耐鹽碱的能力。

從實用價值上看，柳樹渾身是寶：除了樹皮可以作爲提取乙酰水楊酸的原料，它的樹枝和須可以用來祛風除濕，飄下來的柳絮可以用來製作枕芯和椅墊。此外，柳樹還有很高的觀賞價值，我們常會在街道或公園見到它的身影。人們欣賞柳樹，總會不自覺地聯想到唐代詩人賀知章的那首《咏柳》。

咏　柳

【唐】賀知章

碧玉妝成一樹高，萬條垂下緑絲絛。

不知細葉誰裁出，二月春風似剪刀。

高高的柳樹上長滿了翠緑的新葉，輕垂而下的柳條就像是千萬條輕輕飄動的緑絲帶。它是那樣婀娜多姿，仿佛是一位經過梳妝打扮亭亭玉立的美女。由此看來，柳樹的顔值確實算得上是樹木大家族中的“美人”了。

考一考

俗話説“無心插柳柳成蔭”，這是一種怎樣的繁殖方式？對該繁殖方式請做一個大致的介紹。

35

人相對宇宙，一粟太倉？

導讀

科學家推測，宇宙中95%以上是暗物質和暗能量，其中暗物質占26.8%。暗物質具有不發光、不發出電磁波、不參與電磁相互作用的特性，它無法用任何光學或電磁波觀測設備直接“看”到。

2015年12月17日，我國在酒泉衛星發射中心成功發射“悟空”號暗物質粒子探測衛星。這是中國首次在太空中放置自己的高分辨率高能空間望遠鏡。

截至2020年12月17日，“悟空”號已在軌運行1 827天，繞地球飛行27 822圈，共探測宇宙射綫粒子93.6億個。鑒於衛星運行情況良好，“悟空”號科研及項目團隊決定再次將它的“服役期”延長1年（原定工作期限3年，此次已是第二次“延壽”）。

“悟空”號的科研目標主要有三項：一是通過觀測高能粒子和伽馬射綫，從而探測暗物質粒子；二是通過伽馬射綫研究天體物理；三是爲了研究宇宙射綫的起源。作爲一個高能粒子探測器，“悟空”號最核心的使命就是尋找宇宙中的暗物質。

從古至今，宇宙對人類而言一直是充滿神秘的存在。關於宇宙的一切，比如起源、物質組成，我們基本上還都停留在猜想的階段。不過，人類的可貴之處在於對科學真相的不斷求索。例如，我們中國開展的“悟空”號暗物質粒子探測、“天問一號”火星探測、“嫦娥五號”奔月“挖土”等航天事業。

宇宙浩瀚無垠，它究竟有多大呢？關於宇宙，人們最感興趣的話題莫過於此。

其實，宇宙客觀上有多大，以人類現有的科技和認知水平還是無法得知答案的。衹能説，人類目前所能够認知的宇宙（可觀測宇宙），其可觀測直徑約爲930億光年。

那光年又是什麽呢？光年不是時間單位，而是長度單位。天文學上之所以采用光年這個長度計量單位，是因爲宇宙中天體間的距離非常大，如果以常見的“千米”“米”爲單位來計算會非常麻煩。所謂光年，就是光在宇宙真空中沿直綫傳播一年時間所經過的距離，約爲94 607億千米。這個距離是什麽概念呢？簡單地打個比方，如果用目前人類最快的飛機（11 260千米/時），需要在不休息的情况下飛行大約95 848年。

在我國古代經典的文學作品中，也有一些詩詞作品體現了先哲對宇宙大小的思考，比如宋代詞人辛棄疾的《水調歌頭·題永豐楊少游提點一枝堂》。

水調歌頭·題永豐楊少游提點一枝堂

【宋】辛棄疾

萬事幾時足，日月自西東。無窮宇宙，人是一粟太倉中。一葛一裘經歲，一鉢一瓶終日，老子舊家風。更著一杯酒，夢覺大槐宫。

記當年，嚇腐鼠，嘆冥鴻。衣冠神武門外，驚倒幾兒童。休説須彌芥子，看取鵾鵬斥鷃，小大若爲同。君欲論齊物，須訪一枝翁。

“無窮宇宙，人是一粟太倉中。”詞句大意是宇宙無窮無盡，人在宇宙中就好似那穀倉中的粟米一樣渺小。在科技水平并不發達的古代，宇宙的浩瀚無垠是作者無論如何也想象不到的。人同宇宙相比，祇怕是連滄海一粟都算不上。

考一考

你知道“大爆炸宇宙論”嗎？請簡要介紹。

36

螞蟻的力量

導讀

從前有一位農夫上山開荒，山上雜草茂盛，布滿荊棘，令他頭疼不已。於是，農夫想出了一個除草辦法。他繞着山脚放置了一大批乾草并將其點燃，大火在風的作用下越燒越旺，逐漸從山下蔓延到了山頭。

突然，火墻裏滾出了一個黑球。農夫很好奇便走近查看，原來是山上的螞蟻群抱成了一團從熊熊大火中突圍出來。雖然外層的螞蟻已被燒焦，但内層的螞蟻活了下來，螞蟻族群得到了延續。農夫不禁贊嘆，這些小東西在面對滅頂之灾時所保持的團結、協作、獻身精神着實令人欽佩。

螞蟻是大自然中最爲常見的一種昆蟲，它們種類繁多，遍布全球。據統計，世界上大約有11 700種螞蟻。絶大多數螞蟻身材微小，屬於社會性生活的物種，它們在群體中有着各自明確的分工：有的負責修建巢穴，有的負責尋找食物，還有的負責保護蟻后和族群。

唐代詩人韓愈在《調張籍》中就有關於螞蟻的描述。

調張籍（節選）

【唐】韓愈

李杜文章在，光焰萬丈長。
不知群兒愚，那用故謗傷！
蚍蜉撼大樹，可笑不自量。
伊我生其後，舉頸遥相望。

詩中有這樣一句話："蚍蜉撼大樹，可笑不自量。""蚍蜉"指的是一種大螞蟻（現代"蚍蜉"是白蟻的别稱）。本意是蚍蜉企圖去摇撼大樹，可笑的是，它們也不估量一下自己的力量。成語"蚍蜉撼樹"就是出自這首詩，現在常用來比喻人做事自不量力。

螞蟻隻身去撼動大樹，這確實没有可能。不過，韓愈可能并不知道，螞蟻的力量相對於它自身大小來説，絶對可以稱得上是"大力士"了。

有研究數據表明，螞蟻能舉起自身重量400倍的物體，能拖動自身重量的1 700倍的物體。也就是説，如果一個人擁有同螞蟻等比例的能量，那麽他就可以不藉助任何工具舉起大約25噸或拖動100噸重的物體。要知道一輛普通大客車的重量也不過10噸左右。相信各位的畫面感已經浮現出來了，是不是覺得螞蟻特别了不起呢？

螞蟻爲什麽會有這麽大的力量？

原來，螞蟻有着獨特的身體結構，可以使其爆發巨大的能量。螞蟻六條腿的肌肉十分發達，而且能量使用效率很高。

研究發現，這些肌肉的細胞對能量的使用效率達到了80%。可以形象地把螞蟻腿部比作一臺高效的肌肉發動機，這臺發動機是由幾十億臺小肌肉發動機組成的，需要以一種叫作三磷酸腺苷（ATP）的物質作爲燃料。當螞蟻去搬運物體時，肌肉細胞就會産生三磷酸腺苷，引起肌肉瞬間收縮，所有的小肌肉發動機高效協作。因此，整隻螞蟻就像是每個輪子都有獨立發動機的大功率拖車，能够輕鬆地拖動比自身重很多的物件。

考一考

白蟻是否屬於螞蟻？請闡述你的觀點。

37

大雪紛紛，衹在北方？

導讀

根據相關媒體報道：2008年1月份，我國南方地區持續發生了大範圍的雨雪、低温、冰凍等自然災害。多個省份不同程度受到了影響，有些省份受災嚴重，遭受了較大的經濟損失。

一提到大雪紛紛的景象，人們常會聯想到的是“北國風光”。實際上，我國南方地區也會有鵝毛大雪的景象，衹不過出現的時間、頻率因地域的不同而有所差别。

我國南北方下雪時間可能呈現怎樣的規律呢？每年從10月開始，隨着氣温不斷下降，我國從北至南大部分地區開始出現降雪。最早是新疆、青海，在10月中旬就會出現第一場雪；其次是東北三省，每年在10月下旬就能見到雪花；接着，11月，我國北方大部地區都開始飄雪，而長江中下游地區通常在12月迎來初雪。華南地區本身出現降雪的概率不太大，一旦出現，時間會更晚一些，多集中在1月下旬。

爲什麼會呈現這樣的規律呢？這是因爲我國幅員遼闊，受地形和海陸差异的影響，在相同的季節裏，南北方的氣候、氣壓等環境也不一樣。有的城市是熱帶季風氣候，所以常年不飄雪；而有的地區屬寒温帶大陸性季風氣候，每年早早地便迎來了降雪天氣；也有的地區因爲地勢較高的緣故，氣温會比較低，降雪也會比較早。

有些人把南方降雪的原因單純歸結於現代人類活動導致的氣候反常，這種觀點是不正確的。其實，在人類活動對氣候環境影響不大的古代，就有詩人描寫了南方的雪景。比如，唐代詩人柳宗元的《江雪》。

江　雪

【唐】柳宗元

千山鳥飛絕，萬徑人蹤滅。
孤舟蓑笠翁，獨釣寒江雪。

群山中看不見飛行的鳥兒，所有道路上看不到人的踪迹，衹有一位披戴蓑笠的老翁，獨自在寒江的孤舟上垂釣。詩中的這場雪規模一定不小，否則詩人是不可能描繪出如此蕭瑟而又大氣的雪景。

值得注意的是，柳宗元當時被貶永州，這首五言絕句就是他在永州創作的。永州，位於今天湖南省南部。由此看來，南方下大雪，古來有之。

考一考

下雪時，天氣寒冷，你有什麼好的室內取暖方法？

38

蛇會“走路”的奧秘

導讀

楚國有幾個舍人得到了主人賞賜的一壺酒。一壺酒，幾個人喝會嫌少，衹適合一個人喝，那麼酒歸誰呢？有個舍人想出了一個辦法，所有舍人在地上畫一條蛇，誰先畫成蛇，酒就歸誰喝。大夥兒都覺得這個辦法很合理，於是紛紛在地上畫了起來。

很快，有個舍人先畫好了蛇，拿起酒壺正準備喝，看到其他人還没畫好，略顯得意，索性左手拿壺，右手給蛇畫脚。還没等他畫好，另一個舍人也畫好了蛇，并且一把奪過酒壺，對他説道：“蛇本來就没有脚，你怎麼能添上脚呢？”説完就把酒喝掉了。那個畫蛇脚的人最終没有喝上酒，懊悔不已。

“畫蛇添足”的故事想必大家都非常熟悉，這個成語常用來比喻做事情多此一舉，没有任何意義。唐代詩人韓愈也曾在自己的詩作中引用這個典故。

感春（其四）

【唐】韓愈

我恨不如江頭人，長網橫江遮紫鱗。
獨宿荒陂射鳧雁，賣納租賦官不嗔。
歸來歡笑對妻子，衣食自給寧羞貧。

今者無端讀書史，智慧祇足勞精神。
畫蛇著足無處用，兩鬢霜白趨埃塵。
乾愁漫解坐自累，與衆异趣誰相親。
數杯澆腸雖暫醉，皎皎萬慮醒還新。
百年未滿不得死，且可勤買拋青春。

“畫蛇著足無處用，兩鬢霜白趨埃塵。”詩句的大意是：好比畫蛇添足却一無用處，兩邊的鬢髮都已發白，還要在塵埃中趨奉奔波。詩人在這句詩中傳達出自己的一個觀點，即對功名利禄的追求就好像畫蛇添足那樣没有任何意義，暗含了對中唐黑暗政治的深痛控訴。

我們知道脚是用來移動走路的運動器官。蛇爲什麽没有脚呢？因爲蛇有自己獨特的行走方式。蛇是爬行動物，身上長有很多鱗片，這是它們身體最外面的一層盔甲。這些鱗片不僅可以保護身體，還發揮着脚的功能。

蛇在向前爬行時，身體會呈“S”形。而每一片在“S”形外側的鱗片都會翹起來，幫助蛇前進時“抓住”不平的路面。這些鱗片跟蛇的肌肉互相配合，施力於粗糙的地面上，由地面的反作用力推動身體向前移動，所以蛇没有脚也可以“行走”。

大多數種類的蛇每小時祇能爬行4千米左右，和人步行的速度差不多。但也有爬行較快的蛇，最典型的就是非洲的黑曼巴蛇，它不僅僅是攻擊性强的毒蛇之一，也是世界上移動速度最快的蛇。科學測算黑曼巴蛇在全力衝刺時，其速度可以達到20千米/時。

考一考

蛇爲什麽會有有毒、無毒之分？毒蛇有什麽明顯特徵？它們的毒從何而來？

39

蜘蛛：動物中的紡織專家

導讀

蜘蛛衣，顧名思義，就是用蜘蛛網製成的衣服。據説在我國古代，雲南哀牢深山區就有人會製作這樣的衣服，製作方法是藉助蜘蛛絲本身自帶的黏性，使蛛絲黏合起來。每生產一件蜘蛛衣需要搜集大量天然蛛絲，要投入不少的時間和精力。隨着布料的出現以及製衣技術的進步，蜘蛛衣的製作工藝慢慢消失了。

不過，現在依然能够找到一些保留完好的蜘蛛衣。這些蜘蛛衣大約有1千克重，并且在疊放的時候中間夾上報紙，這是爲了防止蜘蛛網相互粘連。

在一些長期無人打理的房間或庭院，蜘蛛網總會結滿各個角落。有時稍不留神，身體就會接觸到這些蜘蛛的“杰作”。不過，蜘蛛能編織出這樣的“天羅地網”也實屬不易。那麼它們是如何織網的呢?

其實，蜘蛛織網時并非隨心所欲，而是嚴格按照規範的步驟流程來操作的。

蜘蛛的腹部有一個凸起的器官，叫作紡績器。紡績器可以分泌出一種黏液，該黏液遇到空氣就會凝結，形成特殊的蛋白纖維，這種蛋白纖維就是蜘蛛絲。蜘蛛絲很輕，但它能承受比同樣粗細鋼絲高出5倍以上的重量，而且伸縮率也是尼龍絲的2倍，是一種韌性出色的材料。

蜘蛛結網時，會先把吐出的蛛絲一端固定在一個點上，再把自己吊在絲上。然後，蜘蛛一邊吐絲，一邊向另一個落脚點移動，并把絲固定好，就這樣完成了第一根竪綫絲。重複上述同樣的操作，蜘蛛便會編織更多的竪綫絲，并且保證所有的竪綫絲全部交於一個軸心。這樣蜘蛛網的骨架就完成了。接着，蜘蛛就會來到竪綫軸心，從軸心處沿着發散的竪綫從裏到外慢慢織出横綫蛛絲，直到一張精美的蜘蛛網成形。

四時田園雜興（其四十）

【宋】范成大

静看檐蛛結網低，無端妨礙小蟲飛。

蜻蜓倒挂蜂兒窘，催唤山童爲解圍。

“静看檐蛛結網低，無端妨礙小蟲飛。”詩句的意思是：静静地看着蜘蛛在屋檐下結網，蛛網妨礙了在那裏飛的小蟲子。

正如詩中所寫，蜘蛛網的作用就是幫助蜘蛛捕獲昆蟲等獵物。無論什麼飛蟲，一旦撞上蜘蛛網，就會被牢牢粘住難以逃脱。不過，爲什麼蜘蛛却能在網上行走自如？原來，它們脚上會分泌出一種像油一樣的防黏物質。而且，蛛絲分有黏性和没黏性兩種，作爲設計者，蜘蛛會選擇在没黏性的蛛絲上活動。

考一考

蜘蛛是昆蟲嗎？爲什麼？

40

秋高氣爽的奧秘

導讀

立秋，是二十四節氣中第十三個節氣，其時間點在每年公曆8月7日至9日。立秋是秋季的第一個節氣，也是秋季的起點，預示着秋天的到來。進入秋季，意味着夏季常見的降水、風暴等現象趨於減少，自然界的萬物從成長繁茂趨向成熟蕭索。秋季是暑熱與涼寒交替的季節，但是酷熱與涼爽天氣的分水嶺并不在立秋這一天。“熱在三伏，秋後一伏。”立秋過後，天氣依然會很熱。天氣真正變得涼爽一般要到白露節氣之後，所以立秋後依舊要做好防暑工作。

秋天在一些人看來，它是蕭瑟的季節。不過，從古至今也有不少人非常喜愛秋天，因爲秋天不僅代表着收穫，還意味着能够享受舒適宜人的天氣。

秋詞（其一）

【唐】劉禹錫

自古逢秋悲寂寥，我言秋日勝春朝。
晴空一鶴排雲上，便引詩情到碧霄。

“自古逢秋悲寂寥，我言秋日勝春朝。”詩句的大意是：自古以來，人們每逢秋天就悲嘆秋天的寂寞蕭索，可我却覺得秋天遠遠勝過春天。看來，詩人劉禹錫對秋天情有獨鍾。

像劉禹錫一樣熱愛秋天的人們，常會説到這樣一個詞語：秋高氣爽。這是一個描述秋天天氣的代表性詞語。在秋季，常常會出現秋高氣爽的好天氣，天空晴朗明凈，氣候凉爽宜人。爲什麽會這樣呢？這背後隱藏着不少科學道理。

首先，從大氣氣壓的角度來看。秋季的高壓下沉氣流抑制了近地面污染物的上升，這就減少了天空中塵埃等較粗微粒的含量，提高了大氣透明度，使得天空散射波長較長光的能力變弱，散射波長較短的藍紫光比例增多。再加上進入秋季後，北方冷空氣勢力加强，南下的乾冷氣流迫使夏季一直滯留在我國上空的暖濕空氣向南退去，從而導致天空中的雲霧減少。所以，在秋天，天空看起來更藍、更高遠，給人以“秋高”之感。

其次，從人體體感的角度來看。秋季的氣温一般在20 ℃左右，既不像夏天那樣炎熱，也不像冬天那樣寒冷，是人體體感的適宜温度。高壓下沉氣流減少了空氣中的水蒸氣，給人皮膚一種乾爽的感覺。另外，我們知道人的呼吸作用是通過呼吸肌的伸縮，使得外界大氣壓與肺内氣壓形成壓力差進行的。當外界氣壓低時，人呼吸會費力；外界氣壓高時，人呼吸就省勁。秋天氣壓高，人呼吸也就順暢，給人以“氣爽”之感。

考一考

爲什麽大多數作物和果實都在秋天成熟呢？

41

能量憑空産生?

導讀

1714年，德國有一位叫奧爾菲留斯的博士，他聲稱自己成功發明了永動機——自動輪。這部機器不僅可以永遠轉動，還能將16千克的物體拉升至一定的高度。

1717年，波蘭國王邀請奧爾菲留斯到波蘭製造一臺自動輪永動機，并派了一位州長前去鑒定真僞。這位州長爲奧爾菲留斯製造自動輪永動機提供了各種條件，并把安裝機器的房子與四周隔離。不久，自動輪永動機安裝完畢，開始轉動觀察。這位州長親自把門鎖上并貼上封條，還派了兩名衛兵晝夜看守。幾個月後，州長親自啓封開鎖，看到了輪子的確還在“轉動”。於是，州長給奧爾菲留斯頒發了鑒定證書。

奧爾菲留斯從此名聲大噪，他周游歐洲各國，廣泛演講，不僅掙得盆滿鉢滿，還得到了各國政要的褒獎。

但紙終究包不住火，奧爾菲留斯的女僕揭穿了他們的騙局：自動輪永動機其實是“人”動的。原來，那間安放自動輪永動機的房子裏修了一個夾壁墻，輪子會轉，是因爲有人在夾壁墻内牽動繩子，牽繩的人正是女僕本人。

所謂永動機，是指一種不需要外界輸入能量，或者衹需要一個初始能量，就可以永遠“動”下去的裝置。從13世紀開始，許多學者試圖研製出永動機，但都以失敗而告終。

1775年，法國科學院宣布“本科學院以後不再審查有關永動機的一切設計”。1917年，美國專利局也决定不再受理永動機專利的申請。究其原因，是因爲這種機械在現實中根本不存在。

永動機違反了物理學上的能量守恒定律。該定律是自然界普遍存在的基本定律之一，即能量既不會憑空産生，也不會憑空消失，它衹會從一種形式轉化爲另一種形式，或從一個物體轉移到其他物體，其總量保持不變。

在大自然中，能量有多種存在形式，比如機械能、内能、化學能、太陽能。以常見的機械能爲例，機械能包括動能與勢能，勢能又分爲重力勢能和彈性勢能。根據能量守恒定律，動能、勢能之間是可以相互轉化的。宋代文學家蘇軾有一首詞《江城子·密州出獵》就涉及了這個知識。

江城子·密州出獵

【宋】蘇軾

老夫聊發少年狂，左牽黄，右擎蒼，錦帽貂裘，千騎捲平岡。爲報傾城隨太守，親射虎，看孫郎。

酒酣胸膽尚開張，鬢微霜，又何妨！持節雲中，何日遣馮唐？會挽雕弓如滿月，西北望，射天狼。

“會挽雕弓如滿月，西北望，射天狼。”人們挽弓射箭，其實就利用了彈性勢能轉化爲動能的特性。爲了讓箭射得遠，使其具有足够的動能，就必須要把弓拉得如同滿月，增大它的彈性勢能。

考一考

於謙在《咏煤炭》中寫道："鑿開混沌得烏金，藏蓄陽和意最深。"你知道煤炭在燃燒過程中，主要涉及怎樣的能量轉化過程?

42

拼死吃河豚？

導讀

相傳，1084年春，蘇東坡赴常州任團練副使時，應當地一位善烹河豚、久仰東坡大名的厨婦之約，去吃河豚。其間，蘇東坡衹顧埋頭使勁吃，未發一語，令躲在屏風後窺探的厨婦大失所望。快吃完的時候，蘇東坡放下筷子，大叫一聲："也值一死！"這便是"拼死吃河豚"的由來。蘇東坡一生被貶謫數次，宦迹遍布南北，嘗遍天下美食，竟然對河豚有如此高的評價，足見河豚之美味。

河豚，又稱河鲀，泛指硬骨魚綱、鲀科魚類。因其外形似"豚"，江、浙一帶俗稱河豚。而山東則稱其爲艇巴，河北稱其爲臘頭，廣東稱其爲乖魚或鷄抱，廣西稱其爲龜魚。

河豚在受到威脅時，會把大量的水或空氣吸入有彈性的胃裏，使自己的身體短時間膨脹成球狀，樣子非常有趣。

河豚肉質極其鮮美、營養豐富，是一種高檔水產品，被譽爲"菜肴之冠"。然而，河豚是有毒的，而且是劇毒，毒素富集於卵巢、肝臟、腎臟、眼睛、血液中。河豚的毒素爲神經性毒素，是目前自然界發現的最毒的非蛋白類毒素之一，其毒性比氰化鈉高千倍以上，0.5毫克即足以讓一個成年人致命。

製作河豚菜肴如若處理不當，輕者中毒，重者喪命。《本草綱目》也告誡世人："河豚有大毒，修治失法，食之殺人，厚生者宜遠之。"吃河豚魚的凶險，可見一斑。所以，没有專業的技巧，切莫擅自烹飪河豚并食用。

不過，中國人食用河豚的歷史由來已久，早在2 000多年前就將河豚作爲美味珍品，民間素有"不吃河豚，焉知魚味？吃了河豚，百鮮無味""拼死吃河豚"等説法。"一朝食得河豚肉，終生不戀天下魚""遍嘗世間魚萬種，唯有河豚味最鮮"，這便是古人對河豚美味最真切的評價。

宋代大文豪蘇東坡也是河豚魚的"忠實粉絲"。

惠崇春江晚景

【宋】蘇軾

竹外桃花三兩枝，春江水暖鴨先知。
蔞蒿滿地蘆芽短，正是河豚欲上時。

"蔞蒿滿地蘆芽短，正是河豚欲上時。"春天，是河豚魚最爲肥美的季節，作爲知名"吃貨"的蘇東坡必然很清楚這件事。説不定寫完這首詩，蘇軾就去下館子了呢，畢竟"河豚當是時，貴不數魚蝦"。

考一考

河豚主要分布在我國哪些地區？

43

每天吃1升鼻涕？

導讀

我們每個人對鼻涕都不陌生，它是鼻腔中的黏液。鼻涕有什麼作用呢？鼻涕可以濕潤、保護鼻腔黏膜，對由鼻腔吸入的空氣進行濕化和加温，緩解乾燥。鼻涕能够過濾空氣中的部分髒東西和有害物質，使吸入肺部的空氣更加潔净。鼻涕中還含有溶菌酶及免疫成分，能够殺滅病毒和細菌。

你是否感受過在感冒生病時，鼻涕擤了流，流了擤，擤了又流……紙巾用完了，鼻子擦紅了，但鼻涕還綿延不絕的痛苦？

宋代詩人方回體驗過這種感覺：

雜書（其一）

【宋】方回

鼻涕垂頤銀竹凍，腦脂遮眼黑花飛。
此身尚覺非吾有，焉問人間萬事非。

“此身尚覺非吾有”，詩人生病導致不受控制地流鼻涕，似乎感覺身體不是自己的。

我們感冒生病時，鼻涕會分泌得很多，這是因爲病毒或細菌侵犯了鼻腔黏膜，鼻黏膜發生充血或腫脹，從而導致鼻腔内的滲出物增多，鼻涕也就隨之增多。在我們身體健康時，鼻腔基本上不會流出鼻涕，這是因爲鼻涕分泌少的緣故嗎？其實不然，正常情況下，我們每時每刻都在産生鼻涕，一天大約能産出1 000毫升，大概也就是2瓶礦泉水那麼多。這麼多鼻涕都去哪了？

原來，鼻腔和食道是相通的，這些鼻涕大部分都隨着鼻纖毛的擺動送到了鼻咽部，最後被人體吞咽下去了；剩餘的少部分，有些蒸發到了空氣中，有些乾結成了鼻屎。每天都“喝”這麼多鼻涕，爲何我們好像没什麼感覺？這是因爲在鼻黏膜正常分泌液體時，人體是感覺不到鼻涕的存在的；當鼻黏膜的分泌細胞受到刺激，導致鼻涕過度分泌時，人體纔會感覺到鼻腔内有鼻涕。

人的鼻涕狀態有多種類型，主要有以下六種：

1.透明鼻涕：成分絶大多數是水，還包含少量的蛋白質、抗體，多在感冒初期、過敏性鼻炎時出現。

2.黄色鼻涕：多代表病菌感染，可出現於感冒後期。在抗感染中，死亡的嗜中性細胞會把鼻腔的鼻涕染成黄色。

3.緑色鼻涕：可能是鼻竇炎的症狀，也可能是緑膿杆菌感染。通常是由於入侵的微生物太强大，導致死亡的白細胞數量過多，使得黏液變得更厚、更黏、更緑，此時一定要到醫院進行及時有效的治療。

4.紅色鼻涕：通常爲鼻出血的表現，偶爾少量地流紅鼻涕，可能是天氣乾燥導致毛細血管擴張及通透性增高；如果長期反復地流紅鼻涕，或者短時間内大量出現紅色鼻涕，則預示着機體出現某些血液方面的疾病，需儘快就醫。

5.乳白色鼻涕：當鼻腔内的組織充血、腫脹、鼻黏膜增厚，可能會導致組織液的分泌减少，蛋白濃度增加，使得鼻涕變得十分黏稠，進而呈現乳白色。

6.黑色鼻涕：可能是長期大量失血或失血過多的表現，也可能是長期吸入粉塵或二手烟所致，需儘快就醫。

那麽，在鼻涕流個不停時，如何科學地擤鼻涕呢？

首先，鼻涕應該從鼻腔中擤出。有些人習慣於從口腔吐出來，這種做法很不衛生，有可能會對口腔、消化道、胃部造成危害，因爲鼻涕過濾空氣後會存在大量的細菌。

其次，鼻腔與人的耳朵也是相通的，因此建議兩隻鼻孔分别擤，以防止擤鼻涕時顱内壓力過大而對耳朵造成損傷。

考一考

鼻涕和痰有什麽區别？請簡要概述一下。

44

陛下，您的快遞請簽收

導讀

《西游記》大家都再熟悉不過了。它主要講述了唐僧師徒四人歷經千辛萬苦到西天求取真經的故事。想象一下這樣的場景：如果古代具備像今天一樣的快遞物流條件，唐太宗李世民在長安城下單購買經書，如來在西天接單并發貨配送，是不是很有趣呢？

如今，發達的物聯網科技，使得運輸貨物是如此方便、快捷。那麼在古代，人們是如何傳遞東西，或者説是通過什麼樣的機構、人員來寄發物品呢？唐代詩人杜牧在《過華清宫絶句（其一）》中是這樣描寫的。

過華清宫絶句（其一）

【唐】杜牧

長安回望綉成堆，山頂千門次第開。
一騎紅塵妃子笑，無人知是荔枝來。

荔枝從南方被快馬加鞭速運到長安城，祇爲博得楊貴妃開心。我們知道相比信件，實物運輸要麻煩很多，必須得有人參與纔能做到實物傳遞。中國早在夏、商時期，就有了實物傳遞，不過大部分是捎帶，近距離地幫忙捎點東西，跑個腿。到了春秋時期，設置了專門的快遞官職——行夫，而且也立了規矩："雖道有難，而不時必達，"也許會晚，但是總會到的。再後來，人們對時效性的要求慢慢提高，就出現了"馬傳"，或是"單騎""接力"，視距離長短而定。

漢代時期，人們豐富了封裝物品的工具，根據物件的形狀、大小，分別裝入不同的包裝袋中。三國時期，《郵驛令》得以制定，這在我國郵政史上具有里程碑的意義。

隋唐時期，由於大運河的開鑿，省去了翻山越嶺的時間，水路快遞優勢凸顯，快遞業更爲發達。唐朝的郵驛設置遍布全國各地，分爲陸驛、水驛、水陸兼辦三種。不過，古代快遞多爲傳達政令、軍務之類。

明清時期纔逐漸有了百姓可以使用的物流公司——鏢局，不過，鏢局衹運送貴重物品，且押運價格不菲。

雖然古時候物流性價比低，速度較慢，但是開闢的道路範圍還是很廣的。此外，海外購可不是現代社會纔有的。早在西漢，張騫兩次出使西域，開闢出"絲綢之路"。隋唐時期，海路東到日本，西到波斯灣。宋朝時期，在廣州、泉州、明州、杭州和密州設置了5個市舶司，專門管理海外貿易事務。貿易的海外商品有幾百種，主要有香料、皮貨、食品，衹是其便捷程度和今天是不能同日而語的。

考一考

中國古代常有飛鴿傳書。飛鴿爲什麽具備傳達信件的能力？

45

乾旱有多可怕？

導讀

南水北調工程是一個功在當代、利在千秋的國家戰略工程，其目的是用南方的水滋潤北方的大地。

中國的人均水資源量衹有世界人均水平的1/4，并且在地域分布上很不均衡，“南方水多，北方水少”就是一個很現實的問題。黄淮海流域的人口約占全國的1/3，而水資源量僅占全國總量的7.2%，通過實施南水北調工程來解決黄淮海流域的供水問題就顯得十分重要。

南水北調工程的總體布局爲：分别從長江下、中、上游調水，形成了南水北調工程東綫、中綫、西綫三條調水綫路，以滿足華北、西北各地的用水需要。

南水北調工程的短期供水目標爲：以解决城市缺水爲主，兼顧生態和農業用水。南水北調工程的通水，極大地緩解了北方的水資源短缺，從而讓北京、天津、河北、河南等地沿綫的百姓喝上了長江水。

説起乾旱，我們應該都不會感到陌生！通常所説的乾旱，指的是長期無雨或少雨的氣候現象。對於某些地區來説，民間流傳“十年九旱”的説法，這説明了從古至今乾旱的普遍性。比如，在唐代詩人杜甫的《夏日嘆》中，就有關於乾旱的描寫。

夏日嘆

【唐】杜甫

夏日出東北，陵天經中街。
朱光徹厚地，鬱蒸何由開。
上蒼久無雷，無乃號令乖。
雨降不濡物，良田起黄埃。
飛鳥苦熱死，池魚涸其泥。
萬人尚流冗，舉目唯蒿萊。
至今大河北，化作虎與豺。
浩蕩想幽薊，王師安在哉?
對食不能餐，我心殊未諧。
眇然貞觀初，難與數子偕。

乾旱有多可怕呢？“雨降不濡物，良田起黄埃。”久旱無雨，田地裏乾旱得塵土飛揚。“飛鳥苦熱死，池魚涸其泥。”飛鳥因悶熱乾渴而死，魚兒因水塘乾涸而亡。“萬人尚流冗，舉目唯蒿萊。”成千上萬的災民飽受災荒之苦，舉目望去，田園一片荒蕪。

造成乾旱最直接的原因就是缺水。水有多重要？就拿人體來説吧，在一個成年人的機體内，水占到了65%以上。每個器官的含水量有所不同，水分在腦髓中約占75%，肌肉中約占76%，血液中約占83%，就連骨骼中也占22%左右。有資料顯示，一個人在完全不喝水的情況下衹能活一周左右。

作爲支撑國民經濟建設和發展的基礎産業，農業對水的依賴度也很高。俗話説：“有水無肥一半穀，有肥無水望天哭。”這説明水是農作物的命根子。

現代城市的正常運轉也離不開水。比如，城市火力發電需要消耗大量的水。在化工領域，水常常作爲不可或缺的原材料，參與傳熱、冷却等化工操作。另外，城市是人員的聚集區，生活用水所需的量也是相當龐大的。一旦缺水，城市的正常運行必將會受到影響，甚至會有癱瘓的可能。

所以説，乾旱對於人類而言是一場生命危機。無論身處何時何地，我們都要養成文明用水、節約用水的良好習慣。

考一考

節約用水有哪些現實措施？請舉例説明。

46

霧從哪裏來?

導讀

2001年12月9日，意甲聯賽進入第14輪，皮亞琴察隊主場迎戰博洛尼亞隊。這本是一場應該推遲的比賽，因爲大霧籠罩着體育場，有效水平能見度不過十幾米。偏偏主裁判來自都靈（該城市常年多霧，亦有“霧都”之稱），比較習慣於霧天執法，他一再聲稱能從一邊球門看到另一邊球門，於是比賽還是準時開始了。

雙方球員踢得還是比較精彩的，可到場的7 000多名球迷看到的却是一團迷霧，他們藉助體育場的高音喇叭，“聽”完了整場比賽。事後，《羅馬體育郵報》給比賽報道起了這樣一個標題——《有誰看到這場比賽了？》。

霧是由大量懸浮在近地面空氣中的微小水滴或冰晶組成的氣溶膠系統，是近地面層空氣中水汽凝結（或凝華）的產物。霧的存在會降低空氣透明度，使能見度變差。凡是大氣中因懸浮的水汽凝結（或凝華）能見度低於1千米時，氣象學稱這種天氣現象爲霧；當能見度在1千米~10千米時，稱爲輕霧。

形成霧的條件有三個：一是近地層的水汽比較充足；二是空氣中要有較多的凝結核；三是空氣中的水汽要能够達到過飽和狀態。一般情況下，近地層的水汽是較充足的。凝結核，如塵埃、烟粒等，空氣中是具備的。關鍵在第三個條件，即空氣中的水汽能否達到過飽和狀態。

在一定温度下，空氣能容納的水汽是有限度的，當空氣容納的水汽達到最大限度時，就達到了飽和狀態。而空氣的温度越高，空氣中所能容納的水汽也越多。如1立方米的空氣，氣温在4 ℃時，最多能容納的水汽量是6.36克；而氣温在20 ℃時，1立方米的空氣中最多可以含水汽17.30克。倘若空氣中所含的水汽多於一定温度條件下的飽和水汽量，多餘的水汽就會凝結起來，與空氣中微小的灰塵顆粒結合在一起，同時水分子本身也會相互黏結，變成小水滴或冰晶。

如果地面熱量散失，温度下降，空氣又相當潮濕，那當它冷却到一定的程度時，空氣中一部分的水汽就會凝結起來，變成很多小水滴，懸浮在近地面的空氣層裏，就形成了霧。

比如，白天温度比較高時，空氣中可容納較多的水汽。但是，到了夜間，温度下降了，空氣容納水汽的能力減少了，因此，一部分水汽會凝結成爲霧。特別是在秋冬季節，由於夜長，而且出現無雲風小天氣的機會較多，地面散熱較夏天更迅速，致使地面温度急劇下降，這樣就使得近地面空氣中的水汽，容易在後半夜到早晨期間達到飽和狀態而凝結成小水珠。因此，秋冬的清晨往往是霧最濃的時刻。

霧與未來天氣的變化有着密切的關係，通過它可以有效預測之後的天氣。霧是天氣受冷時水汽凝結而成的，所以白天温度一升高，便烟消雲散，代表着天氣晴好；反之，霧若到白天還不散，第二天就可能是陰雨天了。

霧是對人類交通活動影響較大的天氣之一，有霧時的能見度大大降低，很多交通工具都無法使用或使用效率降低。霧天的空氣污染狀態更爲嚴重，易引發上呼吸道感染、哮喘、慢性支氣管炎。

説到描寫大霧的詩詞，那一定不能遺漏宋代秦觀寫的那句“霧失樓臺，月迷津渡，桃源望斷無尋處”。詞句中的“失”“迷”二字，準確地勾勒出月下霧中樓臺、津渡一片朦朧的景象，又恰切地寫出了作者客居他鄉無限凄迷的意緒。

踏莎行

【宋】秦觀

霧失樓臺，月迷津渡，桃源望斷無尋處。可堪孤館閉春寒，杜鵑聲裏斜陽暮。

驛寄梅花，魚傳尺素，砌成此恨無重數。郴江幸自繞郴山，爲誰流下瀟湘去？

考一考

“霧失樓臺，月迷津渡。桃源望斷無尋處。”詞句中“失”“迷”“無尋處”準確描寫出了霧中能見度很低。那麽，氣象上定義霧的能見度應低於多少千米？

47

“六出飛花”究竟是什麼花?

導讀

雪花是一種結晶體，是天空中的水汽凝結形成的。雪花的形狀十分美麗，如果把它放在放大鏡下去觀察，可以發現每片雪花都是一幅極其精美的圖案，讓人贊嘆不已。

我們可能都看過美麗的雪花，有些觀察仔細的同學可能會發現這樣一個情況，天空中降落下來的雪花無論是片狀的，還是柱狀的，幾乎都是六角形的，看上去十分有規律。這是爲什麼呢?

雪是由冰晶聚集形成的，而所有晶體都有它獨特且規則的幾何外形，冰晶就是六角形的。空氣中充沛的水汽會不斷地攀附到最初形成的冰晶上，使這六個角更加突出，并出現枝丫。這些枝丫增長到一定程度，又會分叉。如此循環往復，便形成了一朵六角星形的雪花。

古人很早就留意到雪花的形狀，有一首著名的咏雪詩《對雪》這麼描寫道:

對　雪

【唐】高駢

六出飛花入户時，坐看青竹變瓊枝。

如今好上高樓望，蓋盡人間惡路岐。

初讀高駢的這首詩可能會讓人感到疑惑，詩中好像并没有出現“雪”？“六出飛花”是什麽花？其實，“六出”就是古人對雪花的稱呼，即雪花是六瓣、六角形的。

不過，雖然每片雪花都是六角形的，但是仔細觀察，還是能發現它們各有細微的差别。在大自然中很難找出兩朵完全相同的雪花，如同地球上很難找出兩個完全相同的人一樣。

考一考

“春雪滿空來，觸處似花開。”降雪能够給人類帶來哪些好處？

48

爲何要“忙趁東風放紙鳶”？

導讀

中國民間流傳着很多有關風箏的故事，其中一個被大家廣爲熟悉的，就是魯班造風箏的傳説。

相傳2 300多年前，墨子花了三年時間做了一個大木鳥，名爲木鳶，但衹飛了一天就壞了。後來，墨子把製作木鳶的手藝傳給了他的學生魯班。魯班覺得可以根據墨子設計的理念再加工一下，於是想到了嘗試用竹子來做風箏。

有一天，魯班找到了幾根竹子，他把竹子劈開，把表面打磨光滑，然後用火燒彎，做成了喜鵲的樣子。没想到，這隻風箏竟然在空中翱翔了三天之久。

一提到春天，人們總是會想到放風箏。風箏雖然一年四季都可以放，但也有它的最佳季節，如濰坊國際風箏大會大多在每年的4月份舉辦。因爲這時當地氣候宜人、風力合適。爲什麼春天更適合放風箏呢？

放風箏作爲一項室外運動項目，受氣象條件影響較大，主要看氣温、濕度和風這三個條件。前兩個條件很好理解，春天的天氣，不冷不熱，濕度較低，空氣乾燥，自然是放風箏的好時節。那什麼樣的風力條件纔算有利於放風箏呢？

很多人都覺得，風越大，越有利於風箏的飛翔。其實不然，國家體委審定的風箏競賽規則中指出：“低於2級風力，高於6級風力，風箏比賽不能舉辦。”一般來説，風箏放飛要求的最佳風力條件是2~4級。風小一點就放小風箏，風大一點就放大風箏。7級以上的强風除特製風箏外，一般風箏都不能放飛。

進入春天，地表開始迅速回暖，但是高空還沒來得及反應，仍維持在比較冷的狀態。這樣，高層冷，低層暖，暖空氣輕，冷空氣重，暖空氣會向上跑，冷空氣會往下走，上升氣流會輕鬆地把風箏送到天空的懷抱。所以説春天真是個放飛風箏的好時候。

清代詩人高鼎就曾作了一首詩，描寫了一群活潑的兒童在大好的春光裏放風箏的生動情景。

村　居

【清】高鼎

草長鶯飛二月天，拂堤楊柳醉春烟。
兒童散學歸來早，忙趁東風放紙鳶。

詩中的“東風”，就是春風。中國東部地區的春天，盛行東南季風。所謂季風，就是指一年中海洋與陸地之間大範圍的、方嚮有明顯轉變的空氣流動，它主要由海洋和陸地的氣壓差引起。簡單地説，春夏來臨，太陽很快就把大陸曬熱，陸地上的空氣受熱膨脹變輕而上升，氣壓變低；大海由於熱惰性的緣故，升温較慢，此時與大陸比，海洋上的氣壓高，因此海洋上的空氣向大陸流動。秋冬之際，這個過程正好相反。中國的東面是浩瀚的太平洋，西面是亞洲内陸。因此，春天季風從東面或東南來，秋天季風從西面或西北來，所以，中國人把春風叫東風，把秋風叫西風。

古人雖不知春季放風箏的科學原理，但一直在親身實踐。

考一考

"兒童散學歸來早，忙趁東風放紙鳶。"春天是適合放風箏的季節，中國東部地區的春天盛行哪種季風?

49

你瞭解蝙蝠嗎？

導讀

近年來，蝙蝠一直被稱爲自然界的“病毒庫”。2017年，《自然》雜志上的一項研究表明，蝙蝠身上攜帶的病毒數量遠超過地球上其他哺乳動物。而且由於蝙蝠種類數量多、分布範圍廣，幾乎存在於世界除南北極外的各個角落，因此極易造成病毒的傳播。

既然蝙蝠是如此具有危險性的病毒載體，那麼人類是不是應該消滅它呢？答案當然是否定的。蝙蝠其實是一種對人類和大自然極爲有益的動物，是生態系統的重要組成部分。

一説起蝙蝠，咱們腦海當中自然浮現起一個“醜八怪”：像老鼠一樣難看的頭部和軀幹，四肢和尾部之間有一層硬質的膜，衹會在夜裏出行，并發出刺耳的聲音，蝙蝠的口很寬闊，裏面都是細小而尖鋭的牙齒。瞧瞧這副長相，實在難以讓人喜愛。

唐代大詩人白居易專門爲蝙蝠作了一首詩，詩中認爲“千年鼠化白蝙蝠”，誤認爲蝙蝠是由老鼠變化成的。

洞中蝙蝠

【唐】白居易

千年鼠化白蝙蝠，黑洞深藏避網羅。

遠害全身誠得計，一生幽暗又如何。

雖然蝙蝠的顏值不高，但我們也不能盲目地“以貌取人”。蝙蝠對人類有着許多的貢獻，它教會了人類不少新的本領。

首先是超聲波的應用。從“黑洞深藏避網羅”“一生幽暗又如何”這兩句詩可以看出，蝙蝠喜歡在黑暗中生活。蝙蝠能適應夜間或黑暗的環境，還能捕捉獵物滿足生存需求，這得益於它們天生精確的導航定位能力。和我們人類不同，蝙蝠并不是依靠視覺來確定方嚮和目標的，而是靠聽覺，利用超聲波進行導航定位。它們通過喉部振動發出一種人耳無法聽到的高頻聲波，這種聲波頻率高於20 000赫兹，方嚮性好，反射能力强，沿着直綫傳播，碰到物體就會迅速返回，被蝙蝠的耳朵接收。蝙蝠憑藉接收到的超聲波信息，進而做出相應的行動判斷。

受蝙蝠運用超聲波的啓發，人們開始在工業、醫療和軍事等領域廣泛地應用超聲波。比如，在軍事和工業領域，利用超聲波，人們研發出了雷達探測器；醫療領域中常説的B超，便是利用了超聲波的反射原理。

其次是翼裝飛行。蝙蝠的前肢非常的發達，善於飛行，有些蝙蝠的飛行速度甚至能達到50千米/時以上。極限運動翼裝飛行就是人們模仿蝙蝠的飛行方式而産生的運動，無動力翼裝飛行具有極大的冒險性，飛行速度能達到200千米/時左右。

由此可見，蝙蝠給我們人類的發展帶來了很多啓發。由於蝙蝠具有晝伏夜出的生活習性，它很少與人類主動接觸。因此，對待蝙蝠，我們不應當打擾、傷害它們，而是應該秉持尊重、保護的態度，與之和諧相處。

考一考

動物是人類的好老師，你還知道哪些知識和應用是人類從動物身上學到的？

50

空中彩霞從何來?

導讀

日出和日落前後的天邊，有時會出現五彩繽紛的雲霞。日出前後在東方天空看到的霞稱爲朝霞，色彩暗淡，雲體巨大；日落前後的霞稱晚霞，又名“火燒雲”，色彩紅艷，形狀多變，雲體較小。民間有諺語稱“朝霞暗紅雨淒淒，晚霞青白行千里”，認爲霞的出現與天氣狀況有聯繫，是否真的是這樣呢?

霞是日出、日落前後天空或雲層上出現的彩光。當太陽光射入大氣層後，遇到大氣中的灰塵、水汽、氣體分子，會發生散射（光束在傳播時偏離原方嚮而分散傳播的現象）。根據瑞利散射定律，太陽光譜中波長較短的紫、藍、青等顏色的光容易散射出來，而波長較長的紅、橙、黄等顏色的光透射能力較强，相較而言，不那麼容易被散射。

當太陽從地平綫升起或落下時，陽光斜射向地面，光綫與地面的夾角很小，這時陽光要通過比一天中其他時候都要厚的大氣層纔能達到地面。在穿越厚厚的大氣層的過程中，波長較短的藍、紫、青等顏色的光，已被散射得所剩無幾。而波長長的紅色、橙色、黄色等光能够順利地穿透大氣，這就是我們通常所見的霞的顏色。并且，空中的塵埃、水汽等雜質愈多，其色彩愈顯著。如果有雲層，雲塊也會染上橙、紅等艷麗的色彩。

彩色的雲霞看上去并不像彩虹那樣色彩分明，分布規律，而像是被打翻的顔料一樣，有一種抽象、隨意的美感。無數文人墨客都想用筆墨記録下這種美，偉大的浪漫主義詩人李白就是其中之一。公元759年，李白因牽扯進永王李璘謀反一事而被流放到夜郎，正當他垂頭喪氣地坐船溯長江西上，行進到白帝城時，赦免他的詔書到了。原來，朝廷因關中遭遇大旱，宣布大赦天下。李白狂喜，看着白帝城朝霞滿天、彩雲繚繞的絢麗景象，不禁寫下了“朝辭白帝彩雲間，千里江陵一日還”的浪漫詩篇。

早發白帝城

【唐】李白

朝辭白帝彩雲間，千里江陵一日還。

兩岸猿聲啼不住，輕舟已過萬重山。

除了這令人贊嘆的美以外，雲霞還有着預測天氣的作用。在古代，人們已經充分認識到雲是大氣活動在天空的投影，會通過“觀雲”來“識天”，比如有“朝霞不出門，晚霞行千里”的説法。這是因爲日出前後出現鮮紅的朝霞，説明大氣中的水汽已經很多了，而且雲層已經開始侵入本地區，預示着將要下雨，建議出門慎行，帶好雨具，這就是俗稱的“朝霞不出門”。出現大紅色、金黄色的晚霞，表示在西邊的天氣已經轉晴或雲層已經裂開，陽光纔能透過來形成晚霞，預示着未來幾天一定範圍内將持續晴好，有利於出行。

但是，觀雲識天氣不可能百發百中。雲自身也有一些不確定因素，加之雲的發展變化速度又快，對晴雨的預測很難達到令人滿意的程度。所以，大家出行前最好還是要查看一下天氣預報。

考一考

王勃《林塘懷友》：“芳屏畫春草，仙杼織朝霞”，朝霞的形成是由於空氣對光綫的哪種作用？

附録一

首届“詩詞裏的科學”青少年詩詞創作賽優秀作品選摘

水調歌頭·新中國科技發展

作者：王玥

赴月廣寒宴，北斗九重天。凌雲跨海，星移物換一揮間。猶記窮白孤憤，感慨前仆後繼，焦土赤心連。昂首追疇逝，國夢領群賢。

竭耽思，邁天塹，涉高川。踏破困鎖千阻，芯技縛當前。尚有多般落後，寄往奮發勤勉，風雨再經年。寂寞共甘苦，桃李滿青山。

學校：南京師範大學附屬中學新城小學南校區　指導老師：徐涵

江城子·奇异雨

作者：劉忻栩

昨夜閑雨紛微微。細想來。雨萬千。君知否也，天降動物雨。龍捲風來魚伴雨，何處落、魚鷹憐。

今日驕陽又炎炎。忽思去。日冕雨。吾始知矣，日有高温雨。氣沸而緩升釋能，入日冕、成耀斑。

學校：南京市赤壁路小學　指導老師：吴雯婧

鷓鴣天·由冬至古諺語説開去

作者：侯適林

夜雨中秋冬至晴。若逢乍暖報春冰。古人精察識天道，風物因循冀太平。談世界，論農耕。中華傳統勿相輕。炎黃子嗣傳薪火，文化疏源匡正聲。

學校：南京曉莊學院實驗小學　指導老師：孫汝雯

日月論

作者：吴沐寧

天地日月萬丈光，遍照地球億年長。
東出西落日晨明，夜幕高息月閃亮。
地球碌碌隨日走，月亮忽忽跟其忙。
日距地球遥相望，月隨地球近端詳。
太陽無疑灑光芒，月嘉反光把身妝。

學校：南京市銀城小學

漁家傲·望碧落興書

作者：鄧恒澤

大鵬展翅上長空。一箭烈火似長龍。太虚五星耀九州。百年載。廣寒宫内莫哀愁。

平塘天眼於山中。黑洞脉冲駕蒼穹。銀河深水已看透。十年餘。千里之眼早無用。

學校：徐州市桃園路小學楊山路校區　指導老師：劉丹妮

百年蟄伏爲今朝

作者：姜修衛

力托千鈞萬里行，破空追星耀天明。
游子歸來立元勛，兩彈一星創輝煌。
南優二號喜出世，一石激起千層浪。
短短餘年出深山，萬里鐵路通大道。
嫦娥飛升白玉盤，千年神話夢圓満。
一箭三星又飛天，繞地觀海閱千川。
天眼瞭望觀世界，漫天星斗盡閱覽。
蛟龍入海動九州，驚世一潛深萬米。
夜色蒼茫月映空，搭箭已彎千石弓。
世界狀元閃驚雷，太湖神威顯真身。
百年蟄伏爲今朝，東方雄獅再崛起！

學校：江蘇省無錫惠山小學

興我家邦

作者：王一汀

浩瀚太空，星河璀璨，有日維繫，地行其間。
寰球蔚藍，有國華夏，民風淳樸，黨旨共産。
上下五千，文化傳承，科技引領，國富民安。
内修民生，外拒不憚，一路一帶，携手互援。
時逢庚子，流年不善，新冠來襲，全民參戰。
藥液潔體，口罩護面，閉門宅家，病毒不染。

語數英體，網課不斷，琴棋書畫，勤習不倦。
修我智慧，練我體魄，少年愈强，興我家邦。

學校：南京市夫子廟小學　指導老師：李建鈺

觀北斗書懷

作者：吴欣鈺

北斗騰空驚世塵，勢巍震外鑄忠魂。
廿載滄桑凝衆志，三十星衛耀神韵。
導位尋踪惠百業，揚眉吐氣扭乾坤。
盛國必待科學興，復華還看少年振。

學校：揚州市江都區實驗小學　指導老師：田海燕

七律·九州驕傲之復興號

作者：張軒儒

速似風電身似廊，翻山越嶺如霞光。
狻猊與争未能胜，一念前後穿蘇杭。
行裏穩踞世界首，狂風暴雨未止航。
願爲九州獻微力，未肯止做舒而享。

學校：南京市琅琊路小學明發濱江分校　指導老師：王曉芳

巨龍蘇醒

作者：王詩涵

載人航天顯榮光，探索太空不迷茫。
蛟龍探海見真章，深入海底去彷徨。
自造航母圓夢想，東風導彈震四方。
萬噸大驅向遠方，東方巨龍耀光芒。

學校：南京市琅琊路小學分校天潤城小學　指導老師：胡青

附録二

“科學小達人”挑戰區

第一關

1. “鋤禾日當午，汗滴禾下土”出自唐代詩人李紳的《憫農》。適時鬆土有利於植物的生長，主要原因是下列哪一項?

A. 有利於根的呼吸

B. 有利於光合作用

C. 有利於增加土壤中的養分

2. 李清照在《南歌子》中寫道：“天上星河轉，人間簾幕垂。”在晴朗的夜晚仰望天空，可以看到滿天繁星，這些星星大多屬於哪種天體?

A. 行星　　B. 恒星　　C. 流星

3. 漢樂府《江南》中寫道：“江南可采蓮，蓮葉何田田。”我們平時采摘的蓮蓬是蓮花的哪一部分?

A. 莖　　B. 根　　C. 果實

4. 宋代王安石的《白雲》中有這樣一句：“英英白雲浮在天，下無根蒂旁無連。”雲是一種常見的自然現象，它主要是由什麼組成的?

A. 空氣

B. 小水滴、小冰晶

C. 灰塵

5.2020 年 7 月 23 日我國順利地發射了火星探測器，探測器的名字源自屈原的一首詩："……天何所沓？十二焉分？日月安屬？列星安陳……"請問這首詩的名字是什麼？

A.《九歌》　　B.《離騷》　　C.《天問》

6. 蘇軾在《水調歌頭》中寫道："人有悲歡離合，月有陰晴圓缺，此事古難全。"月亮爲什麼會有圓缺呢？

A. 受潮汐的影響，月亮的形狀會發生變化

B. 受月球自轉的影響，月球上的每個面在地球上看是不一樣的

C. 這和太陽、地球、月亮運轉的位置有關

7.《詩經》中的《小雅・十月之交》這樣寫道："爗爗震電，不寧不令。百川沸騰，山冢崒（zú）崩。高岸爲谷，深谷爲陵。"詩中描述的主要是哪一種自然災害？

A. 颱風　　B. 地震　　C. 火山噴發

8. 杜甫在《絕句漫興（其五）》中描寫道："顛狂柳絮隨風去，輕薄桃花逐水流。"春天，在柳樹多的地方，我們可以看到有很多柳絮在空中飛舞。下列關於柳絮的說法，哪一項是正確的？

A. 柳絮是柳樹的種子

B. 柳絮是柳樹的花

C. 柳絮是柳樹脫落的葉子

9. 杜甫的《水檻遣心（其一）》中有一名句："細雨魚兒出，微風燕子斜。""細雨"時，魚兒爲什麼會"出"呢？

A. 魚躍出水面捕食昆蟲

B. 魚浮出水面以便呼吸更多氧氣

C. 魚遇到捕食者，跳躍逃跑

10.《孫子算經》中寫道："今有雉兔同籠，上有三十五頭，下有九十四足，問雉兔各幾何？"請問籠中鷄和兔各有幾隻？

A. 鷄 13 隻，兔 22 隻

B. 鷄 23 隻，兔 22 隻

C. 鷄 23 隻，兔 12 隻

第一關答案

第 1 題正確選項：A

解析：植物的根需要呼吸氧氣，經常鬆土，可以使土壤疏鬆，土壤縫隙中的空氣增多，有利於根的呼吸，促進根的生長。

第 2 題正確選項：B

解析：宇宙是由無數天體組成的，我們在夜晚用肉眼能夠觀察到的星星，大多是一些像太陽一樣能發光的恒星。

第 3 題正確選項：C

解析：蓮蓬是蓮花的果實。

第 4 題正確選項：B

解析：雲是大氣中的水蒸氣遇冷液化成的小水滴或凝華成的小冰晶所混合組成的飄浮在空中的可見聚合物。

第 5 題正確選項：C

解析：我國於 2020 年 7 月 23 日發射的火星探測器名爲“天問一號”，源自屈原的長詩《天問》。

第 6 題正確選項：C

解析：月亮有圓缺，這和太陽、地球、月亮運轉的位置有關。月亮不是恒星，它本身不能發光，它衹是接收太陽光的照射，然後將太陽光反射到地球上。所以，我們能看到的月亮衹是它受到陽光照射的部分。當月亮繞地球旋轉時，月亮相對於地球和太陽的位置發生了變化，於是就有了月亮的時圓時缺。

第 7 題正確選項：B

解析：詩中主要描述了强烈地震的場景：雷電轟鳴閃亮，大地没有預兆地不停震動，江河翻滾涌動，一座座山峰坍崩，高岸竟然變成了深谷，深谷又隆起來變成丘陵。

第 8 題正確選項：A

解析：柳絮是柳樹的種子，上面有白色絨毛，隨風飛散如飄絮，所以稱柳絮。柳絮很輕，依靠風力進行傳播，所以詩中形象地寫道“癲狂柳絮隨風去”。

第 9 題正確選項：B

解析：即將下雨時，天氣悶熱，氣壓低，氧在水中的溶解度相應變低，因此魚兒會鑽出水面，以便呼吸更多氧氣。

第 10 題正確選項：C

解析：因爲每隻鷄有 2 隻脚，每隻兔有 4 隻脚，不妨設想鷄和兔的脚數都是雙隻，則每隻鷄 1 雙脚，每隻兔 2 雙脚。題目中，脚的總數由 94 隻變爲 47 雙，但還比鷄、兔總頭數多 12，多在誰的身上呢？多在兔的身上。

因此，

有鷄：35 － 12 ＝ 23（隻）

有兔：47 － 35 ＝ 12（隻）

可列式爲：

有鷄：35 － 12 ＝ 23（隻）

有兔：94 ÷ 2 － 35 ＝ 12（隻）

第二關

11.“銀燭秋光冷畫屏，輕羅小扇撲流螢”中的“流螢”就是我們通常說的螢火蟲。螢火蟲是一種完全變態昆蟲，它的一生要經歷四個發育階段。下面發育順序正確的是哪一項？

A. 卵、幼蟲、蛹、成蟲

B. 卵、蛹、幼蟲、成蟲

C. 幼蟲、蛹、成蟲、卵

12. 宋代蘇軾在《望海樓晚景五絕（其二）》中描寫了閃電當空的場景：“雨過潮平江海碧，電光時掣紫金蛇。”雷電是一種伴有閃電和雷鳴的放電現象，壯觀而又令人生畏。下列關於雷電的說法，哪一項是正確的？

A. 人們往往先看見閃電後聽到雷聲

B. 直擊雷的破壞性比球形雷小

C. 在野外，雷電發生時，可以在大樹下躲雨

13. 西晉文學家左思在《咏史（其一）》中寫道：“弱冠弄柔翰，卓犖（luò）觀群書。”古代男子到了一定年齡會行冠禮，即戴上表示已成人的帽子，以示成年，但體猶未壯，還比較年少，故稱“弱”。弱冠之年指的是多少歲？

A.15 歲　　B.20 歲　　C.25 歲

14. 宋代姚勉曾在詩中寫道：“黯如商雪天，四野昏垂垂……金烏失焰彩，玉象潛光輝。”詩中描寫的是哪種天文現象？

A. 日食　　B. 月食　　C. 行星連珠

15.“萬里人南去，三春雁北飛。”詩中提到的大雁是一種候鳥，下列不屬於候鳥的是哪一項？

A. 天鵝　　B. 燕子　　C. 麻雀

16.“鷹擊長空，魚翔淺底，萬類霜天競自由”出自毛澤東的《沁園春·長沙》，這一詞句暗含了什麼樣的生物學道理？

A. 生物影響環境　　B. 生物適應環境　　C. 生物依賴環境

17. 杜甫在《杜鵑行》中寫道：“寄巢生子不自啄，群鳥至今與哺雛。”該詩句體現了杜鵑鳥的什麼行爲？

A. 育雛行爲　　B. 捕食行爲　　C. 巢寄生行爲

18.“春蠶到死絲方盡”，這裏“絲”的主要成分是什麼？

A. 腈綸絲　　B. 蛋白質　　C. 尼龍絲

19. 宋代仇遠有詩《蟋蟀》：“蟋蟀一何多，曉夜鳴不已。居然聲相應，各爲氣所使。”蟋蟀的鳴叫聲是由下列哪個部位振動發出來的？

A. 翅膀　　B. 腿　　C. 口器

20.“白日依山盡，黄河入海流”出自王之渙的五言絶句《登鸛雀樓》。詩中提到“黄河入海流”，請問黄河最後流入我國的哪一個海洋？

A. 東海　　B. 南海　　C. 渤海

第二關答案

第 11 題正確選項：A

解析：螢火蟲是一種完全變態昆蟲，它的一生要經歷卵、幼蟲、蛹和成蟲四個發育階段。

第 12 題正確選項：A

解析：在野外發生雷電時，躲在大樹下有被雷擊的危險。直擊雷就是直接打擊到物體上的雷電；球形雷則像火球一樣，會飄進室內。直擊雷的電壓峰值通常可達幾萬伏甚至幾百萬伏，破壞性很强，是威力巨大的雷電，而球形雷的威力比直擊雷小。

第 13 題正確選項：B

解析：古代男子 20 歲行冠禮。

第 14 題正確選項：A

解析：本詩描寫的是日食現象，詩中的“金烏”是太陽的别名。日食，是月球運動到太陽和地球中間，如果三者正好處於一條直綫，月球就會擋住太陽射向地球的光，月球身後的黑影正好落到地球上，這時就會發生日食現象。

第 15 題正確選項：C

解析：麻雀是一種留鳥。留鳥即終年生活在一個地區，不隨季節遷徙的鳥。

第 16 題正確選項：B

解析：生物必須適應環境纔能生存，如沙漠上的植物必須耐旱才能生存。鷹的前肢特化爲翼，身體呈流綫型，胸肌發達，體内有氣囊，適於空中飛翔；魚用鰓呼吸，用鰭游泳，適於水中生活。因此，“鷹擊長空，魚翔淺底，萬類霜天競自由”體現了生物對各自環境的適應。

第 17 題正確選項：C

解析：詩中體現了杜鵑的巢寄生行爲。巢寄生是鳥類將卵產在其他鳥的巢中，由義親代爲孵化和育雛的一種特殊的繁殖行爲。

第 18 題正確選項：B

解析：詩句“春蠶到死絲方盡”中的“絲”即蠶絲，屬於天然蛋白纖維，主要成分是蛋白質。

第 19 題正確選項：A

解析：在雄性蟋蟀的前翅上，有旋渦紋狀的翅膜：一邊翅膀長着銼刀狀的翅膜——弦器，另一邊翅膀長着較硬的翅膜——彈器。當這兩種發音器相互摩擦，就能發出聲音。

第 20 題正確選項：C

解析：黃河，是中華文明最主要的發源地，中國人稱其爲“母親河”，它發源於青藏高原巴顏喀拉山脉，自西向東注入渤海。故詩句中的“海”是指渤海。

第三關

21. 李白在《長門怨（其一）》中寫道："天回北斗挂西樓，金屋無人螢火流。"詩中描繪了北斗七星高挂在西樓，寂寞的金屋衹有螢火流動的場景。北斗七星是北半球天空的重要星象，以下不屬於北斗七星的是哪個？

A. 織女星　　B. 天樞星　　C. 開陽星

22. 唐代詩人杜甫在《曲江（其二）》中寫道："穿花蛺蝶深深見，點水蜻蜓款款飛。"夏天的池塘邊，經常可以看到蜻蜓在水面飛行時用尾部輕觸水面，這就是人們常説的"蜻蜓點水"。蜻蜓爲什麽要點水呢？

A. 蜻蜓點水是蜻蜓在玩耍

B. 蜻蜓點水是蜻蜓在産卵

C. 蜻蜓點水是蜻蜓在喝水

23. 蘇軾曾在《琴詩》中發出這樣的疑問："若言琴上有琴聲，放在匣中何不鳴？若言聲在指頭上，何不於君指上聽？"詩人當時并不明白琴聲是如何産生的，如果是你，該如何回答詩人的這個問題？

A. 琴聲是琴獨自産生的

B. 琴聲來自演奏者的手指上

C. 聲音由物體振動産生，手指撥動了琴弦，琴弦振動，發出琴聲

24. 白居易《洞中蝙蝠》："千年鼠化白蝙蝠，黑洞深藏避網羅。"蝙蝠是一種很奇特的動物，它可以像鳥一樣飛翔。從生物分類上看，蝙蝠屬於哪一種類的動物？

A. 哺乳動物　　B. 鳥類　　C. 兩栖動物

25.“坐地日行八萬里，巡天遥看一千河”出自毛澤東的《送瘟神（其一）》。這句詩反映了地球的什麽現象？

A. 自轉　　　B. 季節交替　　　C. 公轉

26. 李白在《月下獨酌》中寫道：“舉杯邀明月，對影成三人。”影子的形成與下列哪種光學原理有關？

A. 光的折射　　　B. 光的反射　　　C. 光沿直綫傳播

27.“紅豆生南國，春來發幾枝”出自唐代詩人王維的《相思》，這詩句説明了植物具有哪種特性？

A. 植物的嚮光性

B. 植物的嚮水性

C. 植物分布的區域性

28. 請問以下詩詞描述的行爲，哪一項與防疫風俗有關？

A. 團扇，團扇，美人病來遮面

B. 爆竹聲中一歲除，春風送暖入屠蘇

C. 翰林未用汝脱靴，不知何爲勤洗手

29. 我國古代常用太白來稱呼金星：“太白高高天尺五，寶刀明月共輝光。”那麽，對於同爲太陽系八大行星之一的木星，我國古代對它的稱呼又是什麽呢？

A. 歲星　　　B. 辰星　　　C. 熒惑

30. 楊萬里在《宿新市徐公店》中寫道：“兒童急走追黄蝶，飛入菜花無處尋。”黄色的蝴蝶利用了哪種辦法擺脱了孩童的追趕？

A. 擬態　　　B. 保護色　　　C. 共生

第三關答案

第 21 題正確選項：A

解析：北斗七星是北半球天空的重要星象，由天樞、天璇、天璣、天權、玉衡、開陽、搖光（又作瑤光）七顆星組成，因曲折如斗，故而得名。

第 22 題正確選項：B

解析：蜻蜓點水是因爲蜻蜓在産卵，卵直接産入水中，或産於水草上。

第 23 題正確選項：C

解析：聲音是由物體振動産生的，琴聲來自琴弦的振動。

第 24 題正確選項：A

解析：蝙蝠是一種哺乳動物，而且是唯一能够真正飛翔的哺乳動物。蝙蝠在外貌上和老鼠有相似的地方，但在生物學的分類上，兩者完全不同，詩中"千年鼠化白蝙蝠"的説法衹是詩人的誤解。

第 25 題正確選項：A

解析：這句詩描述了地球的自轉現象。地球赤道周長約爲四萬公里，即八萬里。如果人在赤道上，隨地球自轉，於不知不覺中，一日就行了八萬里路。

第 26 題正確選項：C

解析：光在同種均勻介質中沿直綫傳播，當傳播過程中遇到不能穿過的不透明物體時，會形成較暗區域，也就是我們常説的影子。

第 27 題正確選項：C

解析：這詩句是説紅豆這種植物衹生長在南方，北方沒有，從而説明了植物的分布是有區域性的。

第 28 題正確選項：B

解析："團扇，團扇，美人病來遮面"意思是指美人不讓别人看見她憔悴的樣子；“翰林未用汝脱靴，不知何爲勤洗手”化用高力士給李白脱靴的典故，這兩句都與防疫風俗無關。“春風送暖入屠蘇”春節時古人有喝屠蘇酒的風俗，寄托了預防瘟疫的思想在其中。

第 29 題正確選項：A

解析：我國古代稱木星爲歲星。因爲木星約每十二年在空中繞行一周，每年移動一周的十二分之一，古人把木星所在的位置作爲紀年的標準，所以叫歲星。

第 30 題正確選項：B

解析：黄蝴蝶飛入黄色的油菜花中，由於黄蝴蝶具有與油菜花顔色相似的保護色，這讓孩童難以辨尋。

第四關

31. 文天祥有明志詩《揚子江》，詩云："臣心一片磁針石，不指南方不肯休。"詩中提到的指南針是中國古代四大發明之一。下列關於指南針的説法，哪一項是正確的?

A. 指南針的指嚮不會受到附近磁鐵的干擾

B. 指南針能够指南北，説明地球具有磁場

C. 指南針所指的南北方嚮與地理兩極是重合的

32. 唐代詩人羅隱在咏物詩《蜂》中描寫了蜜蜂的辛勞："不論平地與山尖，無限風光盡被占。采得百花成蜜後，爲誰辛苦爲誰甜。"蜜蜂是一種勤勞的社會性昆蟲，蜂群由蜂王、雄蜂、工蜂等個體組成。蜂群中，工蜂是什麽性别?

A. 雌雄同體　　B. 雄性　　C. 雌性

33. "白毛浮緑水，紅掌撥清波"出自駱賓王7歲時寫的《咏鵝》。鵝掌間長蹼，蹼的作用主要是什麽?

A. 使鵝在水中游得更快

B. 使鵝在地面上站得更穩

C. 使鵝在水中能捉住更多的小魚

34. 李白的《古朗月行》中寫道："仙人垂兩足，桂樹何團團。白兔搗藥成，問言與誰餐。"詩中的仙人、桂樹、玉兔等，都是古人對月球上陰影的美好想象。那麽，月亮上爲什麽會有陰影?

A. 月球表面温度低的地方會形成陰影

B. 月亮反射太陽的光，它上面的高山和低谷反射光的强度不一樣，就形成了陰影

C. 月亮上的陰影是月球上空的雲層造成的

35. 辛棄疾的田園風光詩《西江月·夜行黄沙道中》寫道："明月别枝驚鵲，清風半夜鳴蟬。"夏天裏會鳴叫的蟬是雌蟬還是雄蟬？

A. 雌蟬

B. 雄蟬

C. 雌蟬和雄蟬都可以鳴叫

36. 蘇軾有一首寫給弟弟蘇轍的詩，勸被貶謫到偏遠地區的他多保重身體，多吃些肉，其中有這樣一句："土人頓頓食薯芋，薦以薰鼠燒蝙蝠。"蘇軾讓弟弟多吃薰鼠，燒蝙蝠。這種吃法你覺得合適嗎？

A. 不合適，野生動物不安全，存在較多的細菌、病毒、寄生蟲

B. 合適，野生動物有更高的營養

C. 合適，野生動物更加可口美味

37. 杜甫有一首描寫火焰的詩《火》："風吹巨焰作，河棹（zhào）騰烟柱。勢欲焚昆侖，光彌焮（xìn）洲渚。"火焰一般分爲焰心、内焰和外焰三個部分，其中哪一部分温度最高？

A. 焰心　　B. 内焰　　C. 外焰

38. 落葉歸根，落花也是如此。清代詩人龔自珍在《己亥雜詩（其五）》中這樣寫道："落紅不是無情物，化作春泥更護花。"在落花化作春泥的過程中，起主要作用的是下列哪一項？

A. 植物　　B. 動物　　C. 腐生細菌和真菌

39. “明月幾時有，把酒問青天。不知天上宮闕，今夕是何年？”一直以來，人類對月球都充滿了好奇和嚮往。假如你長大後成爲宇航員登上月球，以下哪個景象是你在月球上是無法看到的?

A. 地球高挂天空不下落

B. 滿天繁星

C. 壯觀的流星雨

40. 宋代詩人楊萬里在《觀蟻（其二）》中描寫了螞蟻的習性：“一騎初來隻又雙，全軍突出陣成行。策勛急報千夫長，渡水還爭一葦杭。”螞蟻主要是通過什麼方式傳遞信息的?

A. 聲音　　B. 動作　　C. 氣味

第四關答案

第 31 題正確選項：B

解析：指南針的指嚮會受到附近磁鐵的干擾，A 選項錯誤。地球是一個大磁體，地球的磁南極和磁北極分别在地理南極和地理北極的附近。指南針所指南北方嚮爲磁子午綫南北方嚮，而地理的兩極是地球的子午綫南北方嚮。這兩個子午圈存在一個偏差，并不是時時都重合，所以 C 錯誤。

第 32 題正確選項：C

解析：工蜂是蜂群中繁殖器官發育不完善的雌性蜜蜂。工蜂的身體比蜂王和雄蜂小，在蜂群中數量極爲龐大。在同一蜂巢中的工蜂，因年齡的不同，可以分爲三個生理上不同的工蜂群——保育蜂、築巢蜂和采蜜蜂。

第 33 題正確選項：A

解析：脚蹼寬大的面積能提供强大的動力，使鵝在水中游得更快。

第 34 題正確選項：B

解析：月亮反射太陽的光，它上面的高山和低谷反射光的强度不一樣，就形成了陰影。

第 35 題正確選項：B

解析：雄蟬會鳴叫，它的發音器在腹肌部，像蒙上了一層鼓膜的大鼓，鼓膜受到振動而發出聲音。雌蟬不能鳴叫，是“啞巴蟬”。

第 36 題正確選項：A

解析：野生動物存在較多的細菌、病毒、寄生蟲，其安全性不如家養動物。爲保護健康，我們要拒絶食用野生動物。

第 37 題正確選項：C

解析：外焰部分由於與氧氣充分接觸，燃燒完全，温度最高。

第 38 題正確選項：C

解析：在生態系統中，腐生細菌和真菌是“分解者”的角色，它們會將落葉、落花分解，生成物融於土壤中，使得土壤更肥沃。

第 39 題正確選項：C

解析：月球上没有大氣層，所以看不到流星雨的現象。

第 40 題正確選項：C

解析：螞蟻傳遞信息的主要方式是依靠氣味，即利用嗅覺，嗅覺感受器分布在觸角上。

第五關

41. 詩人陸游在《馬上微雨》中描寫了夏日酷暑難當、令人汗流浹背的情形："三日觸毒暑，衣垢背汗浹。"在天氣炎熱時，人身體流汗的最主要作用是什麼？

A. 皮膚保濕　　B. 排除廢物　　C. 維持體温

42. 下列詞牌名中，哪一項和植物無關？

A. 采桑子　　B. 虞美人　　C. 鵲橋仙

43. 白居易曾在詩中這樣描寫美麗的丹頂鶴："低頭乍恐丹砂落，曬翅常疑白雪消。"丹頂鶴的"丹頂"指的是哪裏？

A. 頭頂上的羽毛

B. 頭頂皮膚及皮膚下的血管

C. 頸後的羽毛

44. "草長鶯飛二月天，拂堤楊柳醉春烟。兒童散學歸來早，忙趁東風放紙鳶。"放過風箏的人都知道，風箏綫是不可能拉得筆直的，這是爲什麼呢？

A. 風箏綫太細

B. 風太大

C. 風箏綫受到重力和側嚮風的作用力

45. 白居易的《捕蝗》中描寫了蝗災時的景象："雨飛蠶食千里間，不見青苗空赤土。"蝗災一般多發生在什麼季節？

A. 春季　　B. 夏季　　C. 秋季

46. 唐代李嶠在《風》這首詩中寫出了風的力量："解落三秋葉，能開二月花。過江千尺浪，入竹萬竿斜。”風是有方嚮的，風嚮指風吹來的方嚮。在天氣預報中，一般用多少個方位表示風嚮？

A.4 個　　B.8 個　　C.10 個

47. 白居易在《錢塘湖春行》中描繪了一幅生機勃勃的春日美景：“幾處早鶯争暖樹，誰家新燕啄春泥。”黄鶯正忙着搶占向陽的樹木，燕子也忙個不停地銜泥做窩。這句詩體現出了鳥類的哪些行爲？

A. 求偶行爲和捕食行爲

B. 占區行爲和巢寄生行爲

C. 占區行爲和築巢行爲

48. 漢樂府《江南》描寫了魚在蓮間游動嬉戲的情景：“魚戲蓮葉間，魚戲蓮葉東，魚戲蓮葉西，魚戲蓮葉南，魚戲蓮葉北。”魚在水中游動的主要動力來源於哪裏？

A. 胸鰭的擺動

B. 尾鰭的擺動

C. 軀幹部和尾部的左右擺動

49. 東晋田園詩人陶淵明的《歸園田居》有這樣一句：“種豆南山下，草盛豆苗稀。”這句詩描述的是在農田生態系統中，雜草與農作物之間的哪種關係？

A. 種内競争　　B. 捕食　　C. 種間競争

50. 唐代詩人白居易在詩中描寫了被蚊子叮咬的後果：“斯物頗微細，中人初甚輕。如有膚受譖（zèn），久則瘡痏（wěi）成。”當人被蚊子叮咬後皮膚會出現紅腫包，并感覺到癢，這主要是下列哪種物質造成的？

A. 蚊子吐出的抗凝血物質

B. 蚊子分泌的麻醉物質

C. 人體分泌的組織胺

第五關答案

第 41 題正確選項：C

解析：人類屬於恒温動物，體温一般保持在 37 ℃左右，寒冷時顫抖，炎熱時流汗，都是人體爲了維持恒定體温的表現。

第 42 題正確選項：C

解析：和植物有關的詞牌名有蝶戀花、醉花陰、采桑子、踏莎行、虞美人等。

第 43 題正確選項：B

解析：其實，丹頂鶴的頭頂沒有羽毛，裸露的皮膚及皮膚下鮮紅色的血管呈現出來的紅色就是我們所説的“丹頂”。這也是爲什麽“丹頂”會在丹頂鶴情緒激動時更加鮮艷。

第 44 題正確選項：C

解析：因爲風箏綫受到重力和側嚮風的作用力，所以不可能保持筆直。

第 45 題正確選項：B

解析：夏季氣温高，特别適宜蝗蟲大量繁殖生長；冬季氣温低，不利於蝗蟲生長繁殖。

第 46 題正確選項：B

解析：風嚮一般用 8 個方位表示，分别爲：北、東北、東、東南、南、西南、西、西北。

第 47 題正確選項：C

解析：這詩句體現了鳥類的占區行爲和築巢行爲。鳥類的占區行爲是指鳥類搶占地盤，確定自己領域的現象。占區行爲的意義在於獲得相對優渥的生存環境，減少同類或其他鳥類的干擾。鳥類的築巢行爲是指鳥類在自己的占區内運用樹葉、樹枝、獸毛、雜草、泥土等材料建造巢窩的現象。

第 48 題正確選項：C

解析：魚不同部位的鰭有着不同的作用：背鰭、臀鰭維持魚體直立，胸鰭、腹鰭維持魚體平衡，尾鰭控制魚體前進的方嚮。魚體在水中的沉浮由鰾控制，魚游泳的主要動力由尾部和軀幹部的擺動産生。

第 49 題正確選項：C

解析：種間關係是指不同種個體或種群之間的關係。種間關係概括起來爲種間鬥争和種間互助，主要包括捕食、競争、共生、共栖、寄生等。本題中的雜草與農作物屬於種間競争關係。

第 50 題正確選項：C

解析：蚊子用口器戳破人的毛細血管壁吸血時，爲防止人體啓動凝血機制，修補血管壁的缺口，蚊子會將抗凝血的物質注入血管組織中。這種抗凝血的物質對人體來説是异物，會引發人體的免疫反應。人體免疫系統會釋出一種稱爲組織胺的物質，用以對抗外來异物。而組織胺會讓毛細血管擴張，出現腫包，引發瘙癢。

編者的話

《詩詞裏的科學》是一套給青少年閱讀的科普圖書，所以我們力求寫得通俗易懂，增强故事性，增加一些延伸性知識，讓讀者特別是青少年能看明白。由於有些古詩詞流傳至今存在着不同版本的表述，例如一些通假字、古今字或是异體字的出現，本書主要藉鑒語文教材及專業工具書，選用認可度高的版本。同時，我們嘗試用現代科學解釋古人詩詞中的科學道理時，是基於現代人思維方式換個角度去品味詩詞，不代表古人觀點。再加上科學是不斷發展的，現在的一些論斷具有不確定性，因而在描述時有些模糊的用詞，甚至將來人們再讀本書時可能還會發現一些不當的描述。這些問題請讀者朋友們諒解！

本書在編寫過程中得到了很多專家的幫助，同時也從一些網絡文章和作品中汲取了豐富的營養，在這裏一并表示感謝。